叔本华的心灵睿语

徐苑琳◎编著

中国纺织出版社

内 容 提 要

一个人的生活没有目的，欠缺意义，人生便显得空虚、无聊乃至痛苦。如何走出心灵的阴霾，需要向叔本华取经。

本书以叔本华哲学思想为主线，用浅显易懂的语言重新阐述叔本华哲学思想赋予我们的时代意义，给那些在生活中迷茫的人们送上一盏引路灯。

图书在版编目（CIP）数据

叔本华的心灵睿语 / 徐苑琳编著. —北京：中国纺织出版社，2017.5（2025.3重印）
ISBN 978-7-5180-3343-0

Ⅰ.①叔… Ⅱ.①徐… Ⅲ.①叔本华（Schopenhauer, Arthur 1788-1860）-人生哲学-哲学思想 Ⅳ.①B516.41

中国版本图书馆CIP数据核字（2017）第035672号

责任编辑：闫 星　　　　责任印制：储志伟

中国纺织出版社出版发行
地址：北京市朝阳区百子湾东里A407号楼　邮政编码：100124
销售电话：010—67004422　传真：010—87155801
http：//www.c-textilep.com
E-mail：faxing@c-textilep.com
中国纺织出版社天猫旗舰店
官方微博http://weibo.com/2119887771
三河市金兆印刷装订有限公司印刷　各地新华书店经销
2017年5月第1版　2025年3月第4次印刷
开本：710×1000　1/16　印张：13
字数：163千字　定价：69.80元

凡购本书，如有缺页、倒页、脱页，由本社图书营销中心调换

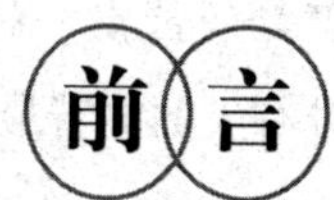

前言

叔本华，德国著名哲学家，意志主义创始人。“要么孤独，要么庸俗”，这是对叔本华一生最好的注解。他从小性情孤僻，父亲是一位非常成功的商人，母亲是当时颇有名气的作家。但是，叔本华与母亲关系不怎么好，甚至到后来关系破裂。大学时期，叔本华一直理智、孤独地研究哲学，并完成了自己的代表作品《作为意志和表象的世界》，出版后却无人问津，他说：“如果不是我配不上这个时代，那就是这个时代配不上我。”后来的一生，他始终致力于研究哲学。在最后十年终于赢得了声望，不过依然过着孤独的日子，陪伴他的是一条叫作“世界灵魂”的卷毛狗，他在遗言中说：“希望爱好我哲学的人，能不偏不倚地，独立自主地理解我的哲学。”

叔本华生而孤独，孤独却成就了他。正是这样一位为哲学奉献一生的大师，恰恰能在理性的孤独思考中得出人生的众多感悟，给予现代人心灵的慰藉。叔本华的哲学思想、美学思想阐述了较为系统的悲剧理论、读书论、死亡论，给现代人带来诸多启示和共鸣。

现代社会，不少人大部分生活几乎是日复一日地上班、下班，在繁忙与生存的缝隙之间，常常感觉空虚、痛苦，即便是参加种种休闲活动和娱乐，依然无法弥补内心的虚无，甚至找不到什么方法来解决这个问题。人生而痛苦，好像是一个永远无法回避的问题。人为什么会悲观？意志为什么令人痛苦？在叔本华看来，人类是利己主义者，然而欲望的满足却总是受到条件的限制，所以生活在无聊与痛苦之中。人生就是苦难，叔本华说："生命，整个儿地根本地就是痛苦，它是和痛苦分不开的。每一部生命史就是痛苦史，对知识乐观主义的批判，幸福与快乐包含在痛苦之中，世界唯有人的痛苦最深。"

当生活充斥着无聊、空虚、痛苦的气息，叔本华的哲学思想无疑带来一股清流，带走了日子里漫长而无聊的痛楚，给予人们心灵久违的快乐。不管是哲学思想，还是美学思想，叔本华都赋予其不凡的人生意义，告诉我们：活着本身就是一种幸运，克制欲望，生而简单，人生自然幸福。

本书以叔本华经典语录为引子，通过阐述其核心思想，再引入现实生活中，赋予叔本华哲学思想新的时代意义。了解人生，领悟人生，从阅读这本书开始。

编著者

2017年1月

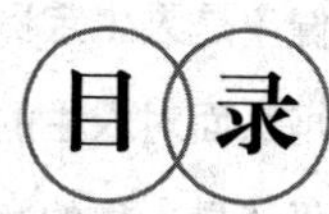

目录

第1部分 要么孤独，要么庸俗

第01章 内心的自我 …… 002

人往往无法脱离“自我”的烙印 …… 002

打开禁锢的自我意识 …… 005

砥砺德行，修炼品性 …… 007

懦弱和胆怯，源于关注自身太多 …… 010

拥有强大的内心，才能勇往直前 …… 013

第02章 别在意他人眼中的自我 …… 017

走自己的路，让别人去说 …… 017

相交赢在保持距离 …… 020

与其苛责对方，不如做好自己 …… 023

不准备改变对方，而是善于利用他们 …… 026

不必太在乎别人的冷嘲热讽 …… 028

礼貌是人际交往的适当距离 …… 031

第03章 人生归根结底都一样 …… 034

丰富个性的人往往对生活充满热情 …… 034

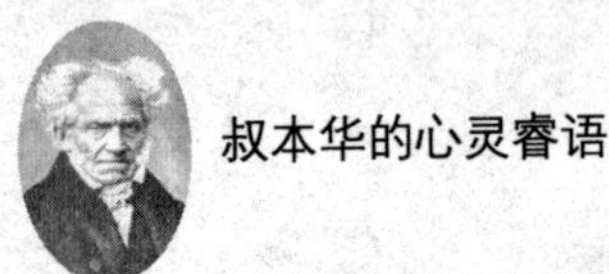

生活中，压力总是有的……037
即使世界坍塌，仍保持泰然心情……040
健康是人生宝贵的财富……042
坦然面对人生的悲与喜……045
平淡是人生的常态，从容是心态……048
第04章　孤独成就自我……051
在独处中静享自由……051
战胜孤独，获得更好的自我……054
孤独于世，超凡脱俗……056
你不够优秀，因为你不够孤独……059
忍受寂寞，饮尽孤独……061
一定是那些孤独时刻成就了自己……064

第2部分　人生像钟摆

第05章　因为是你，所以痛苦……068
因无聊而空虚，因空虚而痛苦……068
外在压力大，内心很痛苦……071
人生所有的痛苦都来自欲求不满……074
人之所以痛苦，在于追求错误的东西……076
一切的不如意都微不足道……079
对他人不奢求感恩……082
第06章　生存的痛苦与虚无……086
快乐是常态，痛苦是小插曲……086
乐观看待无法抗拒的痛苦……088
别为了生活而毁坏了生活的目的……091
嫉妒会毁了你的生活……093

简单的幸福无处不在……096
别把快乐建立在他人的痛苦之上……098
第07章 痛苦源于期望过高……101
名利是海水，越饮越渴……101
欲望是幸福最大的敌人……104
心不动，则人不妄动……106
名誉在外，良心在内……110
人之痛苦，源于贪欲过盛……112
幸福，就是珍惜现在所拥有的……115
第08章 存在本身，就是意义……119
自杀是一种逃避的生存方式……119
渺小的存在胜过伟大的虚空……122
死亡，以另外一种状态存在……124
活着，就是为了改变世界……127
活着，努力奋斗是人生需要……131

第3部分 灵魂的声音

第09章 美与艺术，抚慰心灵……136
知识能改变一个人……136
艺术，给予心灵有效的慰藉……139
学习，让你精神更富足……142
音乐，重新赋予心灵生命……144
大自然的美令人愉快……147
阅读，令人身心放松……150
第10章 人生最大的智慧就是享受当下……153
享受当下，活出自我……153

遗忘比绝望更强有力……155
把每一天当作独特的一生看待……158
烦恼时多想快乐的时光……160
庸人自扰，无疑是自暴自弃……163
心境平静，别为过去和未来烦忧……165
第11章 唯有意志才是自在之物……168
意志是战胜一切挫折的利器……168
请接受命运的安排……170
意志，助你冲破黑暗的悲剧……173
人生应该去做自己想做的事情……176
苦尽甘来，意志力是成功的砝码……179
第12章 深思熟虑的真理……183
追寻真理是最高的快慰……183
自信和真理只需一根支柱……186
独立思考，才具有真理和生命……189
敢于质疑，挑战权威……192
坚持真理，与其为友……194
真理就是不断创新……197

参考文献……200

第1部分

‖要么孤独，要么庸俗‖

叔本华说：“能够自得其乐，感觉到万物皆备于我，并可以说出这样的话：我的拥有就在我身——这是构成幸福的最重要的内容。”要么独孤，要么庸俗，宁愿在独孤中回归自我，也要避免庸俗。

第01章　内心的自我

自我一直是心理学研究中的一个古老的热门话题，心理学的根本问题是“人是什么”。古代哲学家还不能将“自我”与“意识”分开，事实上，每个人除了展现外在的自我，还有一个内心的自我，这是大部分人无法脱离的。

人往往无法脱离“自我”的烙印

人们最终所真正能够理解和欣赏的事物，只不过是一些在本质上和他自身相同的事物罢了。

——叔本华

叔本华说：“人们最终所真正能够理解和欣赏的事物，只不过是一些在本质上和他自身相同的事物罢了。”在他看来，生活中大部分人往往无法脱离“自我”的烙印，哪怕是欣赏的事物，都带着自我的烙印。在丹麦欧丁剧团的舞台剧《盐》中，女主人公最后说了一句台词：“我已经想好了我的墓志铭：自我出生，至我离开，这中间所有的日子都是我的。”强烈的自我趋向，显现在字里行间。

自我，即自我意识或自我概念，指的是个体对自己存在状态的认知，是个体对其社会角色进行自我评价的结果。在一般人的经验中，觉察到自己的一切而区别于周围其他的物与其他的人，即自我。自我的形成主要经

历了三个阶段：第一阶段，婴儿是没有自我意识的，甚至不能意识到自己和外界事物的区别，到了八个月，生理自我开始萌发，这是自我意识的最初形态。一岁时初步意识到自己是动作的主体，两岁左右逐渐学会用代词“我”来代表自己，三岁左右的孩子自我意识有了新的发展，有羞愧感、嫉妒、疑虑等情绪，使用“我”的频率提高。第二阶段，三岁至青春期，个体接受社会影响最深的时期，也是学习角色的重要时期。这一时期，是获得社会自我的时期，开始意识到自己在人际关系、社会关系中的作用和地位，可以意识到自己所承担的社会义务和享有的社会权利等。第三阶段，从青春发育期到青春后期大约10年间，是心理自我的发展时期，自我观念渐趋成熟。青春期，个人无论在生理、认识或情绪等方面，都有很大变化，如性的成熟、逻辑思维和想象力的发展、感受性的敏感，都是造成自我意识发展的基础。

青年期之后个体的自我意识则是完善和提高阶段。即主体我与客体我、理想我与现实我经过激烈的矛盾和斗争，重新实现统一的时期。完善的自我烙印开始慢慢呈现出来，比如，独特的语言风格、行文风格，从深层解读则是其思想的风格。

林肯出身于平民家庭，在参加总统竞选时，有一个经济实力非常雄厚的竞争对手想对他进行人身攻击，对方认为林肯出生于贫寒的家庭，所以不会有太多的财产，当即提出了“你有多少财产”的问题。然而，林肯却以巧妙的回击争取了主动，赢得了人心。他在一次演讲中说：“有人问我有多少财产。我告诉大家，我有一位妻子和一个儿子，都是无价之宝。此外，也租了一个办公室，室内有一张桌子，三把椅子，墙角还有一个大书架，架上的书值得每个人一读。我本人既高又瘦，脸蛋很长，不会发福。我实在没有什么可依靠的，唯一可依靠的就是你们。”

亚伯拉罕·林肯是美国第十六任总统，是世界历史中最伟大的人物之一，领导了拯救联邦和结束奴隶制度的伟大斗争。他于1809年 2月12日黎明出生在肯塔基州哈定县霍尔以南 3 英里的小木屋里，用他自己的话说，他的童年是“一部贫穷的简明编年史”。小时候，他帮助家里搬柴、提水、做农活等。尽管他在边疆仅受过初级教育，担任公职的经验也很少，然而，他那敏锐的洞察力和深厚的人道主义意识，使他成了美国历史上最伟大的总统。他正直、仁慈、坚强的个性使得他的语言体现出朴实、真挚的风格，而且，出生于贫民家庭的他在说话时始终是一种温和的语调，因为他与所有的贫穷的人站在了一起。即便在他成为总统之后，他的自我烙印依然存在。

在镇压太平军的行营里，一次，曾国藩用完饭后与几位幕僚闲谈，评论当今英雄。他说：“彭玉麟、李鸿章都是大才，为我所不及。我可自许者，只是生平不好谀耳。”一个幕僚说：“各有所长：彭公威猛，人不敢欺；李公精敏，人刁能欺。”说到这里，他说不下去了。曾国藩问：“你们以为我怎么样?”众人皆低头沉思。忽然走出一个管抄写的后生，插话道：“曾帅仁德，人不忍欺。”众人听后皆拍掌称是。曾国藩十分得意地说：“不敢当，不敢当。”后生告退后，曾国藩问道：“此是何人?”幕僚告诉他：“此人是扬州人，人好学，办事还谨慎认真。”曾国藩听后说：“此人有大才，不可埋没。”不久，曾国藩升任两江总督，就派这位后生去扬州任盐运使。

那位后生不过是一句话，就得到了曾国藩的赏识，同时改变了自己的命运，这真可以说是“一言定升迁”。究其原因，就在于那位后生说出了对曾国藩的赞美之词“曾帅仁德，人不忍欺”，大大地满足了曾国藩的自我，而后生也赢得了曾国藩的信任与好感。

哲学启示：

人不管在什么时候，自我是无法脱离的，这些特点会一一通过言行呈现出来。当然，人们最终所真正能够理解和欣赏的事物，只不过是一些在本质上和他自身相同的事物罢了，这一切都源于自我。

打开禁锢的自我意识

每个人都被幽禁在自己的意识里。

——叔本华

叔本华说："每个人都被幽禁在自我意识里。"那么，人们对了解自己知之甚少。你了解你自己吗？人们对于了解自己，好像并不如想象中那么成功，似乎人们也不那么热衷于了解自己，他们更多的是想办法了解别人。事实上，知人始于知己，如果想了解别人，首先必须了解自己。大部分的时间，我们所认为的足够了解自己，通常来自于旁人的一知半解或评价，我们无法时刻地反省自己，看清自己，也无法把自己放在局外人的位置来观察自己。

认识自己，一直是哲学界久攻不下的难题。早在两千多年前，古希腊人就将这几个字刻在了阿波罗神庙的门柱上。几千年过去了，人们也无不遗憾地表示：我还不够了解自己。认识自己似乎还有很长的一段距离。了解真实的自己，除了通过外界获取足够多的信息，还可以时时审视自己，只有这样，我们所了解的自己才足够全面和真实。

威廉与杰克一起去清扫街上的一个大烟囱，为了能够进去，他们不得不踩着里面的钢筋踏梯。当时，威廉走在前面，杰克走在后面，他们俩都抓着扶手一步一步地爬了上去，等到打扫完烟囱之后，两个人依次走了下来。威廉依旧走在前面，杰克走在后面。

后来，当他们从长长的烟囱钻出来，杰克发现了一件非常奇怪的事情：威廉的后背、脸上到处是烟囱里的黑灰，而自己的前面好像一点黑灰都没有，非常干净。杰克看见威廉的样子，心想自己一定和他差不多，脸上很脏，于是他跑到附近的小河里洗了又洗。而威廉看见杰克的样子，以

为自己全身也是干干净净，他只是简单地洗洗手就上街了。结果，杰克的形象一出现，街上所有人都笑了，而杰克却猜不透是怎么回事。

其实别人谁也不能做你的镜子，只有自己才是自己的镜子，拿别人做镜子，白痴或许会把自己照成天才的。现实生活中，人们通常无法了解真实的自我，大部分原因在于他们容易受外界信息的影响，就好像杰克一样，他所看见的自己是通过威廉的样子勾勒出来的。此外，人们的自我认知往往受别人言行、外界信息暗示的影响，这样的结果是人们会产生自我知觉的偏差，好像看见别人很脏，似乎自己也很脏。如果一个人想真正了解自己，需要让自己成为自己的镜子，而不是陷入别人的眼光中。

你是否询问过身边人对自己的评价呢？用相对间接的方式。

有一位职业保姆用公共电话打给主人："您是否还需要保姆呢？"主人回答说："不需要了，我已经聘请了一个保姆。"职业保姆又说："我会帮您打扫清洁。"主人回答说："我聘请的保姆每天都在打扫清洁，一周一次大扫除，家里已经够干净了。"这位保姆又说："我会帮您做好饭，在您下班之前。"主人回答说："我家的保姆已经做了，谢谢你，我真的不需要新的保姆了。"于是，职业保姆挂了电话。

身边的孩子不解地问："妈妈，你不就在这家做保姆吗?"职业保姆回答说："我只是想知道他们是如何评价我的这份工作的。"

职业保姆通过打电话向主人询问收集了一些关于自己工作的信息，这样她就知道自己哪些做得好，哪些需要改进，从而更好地反省自己。对于大部分人而言，尽管人们拥有较为明智和谨慎的判断力，但是这些特质往往是用来评价其他的人和事物，他们很少会拿自己当作参照物。当人们没办法收集到一些关于自己的信息，就不容易作出明智的判断，最终无法看清自己。

为什么算命先生总能说中一些东西？为什么星座、血型的解说总能让人对号入座？当人们对自己无法真正了解的时候，他们常常借助算命、血型、星座，希望能够更好地了解自己，这时他们的情绪往往是迫切的，

内心的安全感也受到影响，其心理的依赖性将大大增强，很容易受他人言语的暗示。所以，当算命先生煞有介事地说出一番话，人们很容易对号入座，这就是一种心理倾向。人们了解自己，需要通过正常的途径，收集身边人对自己的评价信息，这样才能更全面地了解自己，从而作出准确的判断。

哲学启示：

我们应该学会打开禁锢的自我意识，不要因为自己有“缺陷”或者自己认为那是缺陷，就通过自己的方法将缺陷掩盖起来，其实这种掩盖方式极其愚蠢。试想，当你把自己的眼睛蒙上时，你就真的掩盖了自己的缺陷吗？因此，无论是自身的缺陷还是优点，我们都应该正确看待，因为面对自己是认识自己的必经之路。

砥砺德行，修炼品性

对于人的幸福起着首要关键作用的，是属于人的主体的美好素质，这些包括高贵的品格、良好的智力、愉快的性情和健康良好的体魄。

——叔本华

叔本华说，对于人的幸福起着首要关键作用的，是属于人的主体的美好素质，这些包括高贵的品格、良好的智力、愉快的性情和健康良好的体魄。德，即品德和修养，包括为人正直、善良、诚恳，又具有强烈的责任心、进取心和事业心；才，即知识和才能，这些往往是通过学习而积累起来的。自古以来，为政者大都看重一个人的道德，更讲究以德服人，尽管坚持德才兼备，但是，当两者之间有所缺失的时候，则以德为先。

对此，闻名世界的实业家马歇尔·菲尔德曾说：“对于一个初出茅庐的年轻人而言，做人的首要品质是诚实、勤奋、敬业和正直。这些品质比什么都重要，它们是任何时代都不能缺少的，一个人如果没有这些品质，必定一事无成。

久负盛名的杜邦公司曾经在一次面试中遇到了一位特别的年轻人，当然，这位年轻人最后被成功录取。

当时这位年轻人努力争取一个在杜邦工作的机会，尽管他条件比较优秀，但是在最后一轮面试的时候却遗憾地被淘汰了。尽管他心里十分难受，但是他并没有像其他人一样流露出沮丧的情绪，而是很有地礼貌地向面试官表示感谢。

就在他打算起身离开的时候，椅子上一枚突出的钉子将他的裤子划了一道小口子，其实面试官并没有发现这个情况。不过这位年轻人还是走上前，拿起桌子上的镇尺，把那枚突出的钉子给钉了回去，然后向面试官鞠躬，转身离开。

面试官发现这个情况，及时拦住了他，询问道：“为什么你都已经知道被淘汰了，却还在乎椅子上一枚小小的钉子呢？”年轻人不以为然地说：“这和面试没有关系，我只是不想让后来的面试者坐在这把椅子，像我一样把裤子划破了。”

听到年轻人的话，面试官赞许地点点头，当即握着年轻人的手说：“恭喜你，你被录取了！”年轻人非常惊讶，以为自己听错了，这时面试官解释说：“专业知识欠缺并不可怕，这完全可以通过努力来弥补，但是职业道德却是一个员工最宝贵的素质，这才是我们最需要的。”

才能是可以通过后天的学习弥补的，但一个人的德行却是不容易改变的。一个人缺乏德行，就是一个潜在的危险，哪怕颇具才干，但其对社会产生的危害却是不言而喻的。比如，英国巴林银行的破产，就是因为一个品德低劣的员工肆意挪用了巨额资金而造成的。

唐太宗李世民，可谓是一代明君，不过他有时也会重才轻德，偏听偏信。在他晚年就误用了有才无德的兵部尚书侯君集。当时侯君集带兵攻破高昌，私自谋取了不少的金银财宝。但是，唐太宗却认为他战功卓越，继续加以重用。最后，侯君集走上了与太子勾结谋反的道路。而唐太宗因用人不当，自己吞下这枚苦果，最终元气大伤。

在现代社会中，德行决定了人在职业生涯中的方向和地位，德行就好像火车的方向、路轨，而才能就如发电机，假如方向、路轨偏了，发动机的功率越大，所造成的危害也就越大。一个人如果忽视了德行的潜修，过分地注重技巧、谋略和手段，即便这样的人才能卓越，也往往郁郁不得志。

有一天夜里，一对年老的夫妇走进了一家旅馆，他们想订一个房间，前台侍者回答说："不好意思，我们的旅馆已经客满了，一间空房也没有剩下。"但是，看着老人疲惫的眼神，侍者同情地说："但是，让我来想想办法……"不一会儿，侍者领着老人走进了一个房间，侍者有些不好意思："也许，它并不是最好的，但现在我只能做到这样了。"老人看着这间整洁而干净的屋子，心情愉快地住下了。

第二天早上，当老人来到台前结账的时候，侍者却对他们说："不用了，因为我只不过是把自己的房间借给你们住了一晚而已，祝你们旅途愉快！"原来，那位好心的侍者一晚没睡，把自己的房间让给了老人住，自己则在台前值了一个通宵的夜班。两位老人很感动，对侍者说："孩子，你是我见过最好的旅店经营人，你会得到报答的。"侍者笑着说："这算不了什么。"他将老人送出门，转身就忙自己的事情了。

没过多久，侍者接到了一封信函，里面有一张去纽约的单程机票，并有简短附言，聘请他去做另外一份工作。侍者乘飞机来到了纽约，按信中所标明的路线来到了一个地方，抬头一看，一座大酒店就在自己的眼前。原来，那对老人是亿万富翁，他为侍者买下了这座大酒店，深信他会经营管理好这个酒店，而那个侍者成了希尔顿酒店的首任经理。

德行对于侍者来说，并不是闲置的装饰品，而是一种生活习惯。他懂得付出了自己的爱心，不仅装饰了自己的美丽人生，还收获了一份丰厚的回报。对许多人来说，德行不过是一张空头支票，他们只会嘴上说说，纯粹当德行为点缀品。试想，若是不付诸实际行动，人生怎么可能美丽呢？

哲学启示：

在叔本华看来，毫无疑问，德行应当是每一位员工必备的美德。任何一个企业，要想具有竞争力、生命力，必须聚集一批品德高尚的员工。对那些卓越的企业而言，不仅需要员工具备才能，更需要他们具备正直的品德。

懦弱和胆怯，源于关注自身太多

懦弱和胆怯暴露了我们对于自身关注过多。

——叔本华

叔本华认为，人为什么会懦弱和胆怯，恐怕是过于关注自己。有人抱怨：“每天活得好累，好像一刻都没有轻松过。”现代社会，越来越多的人开始抱怨自己“活”得很累，不是工作累，吃饭累，睡觉累，而是“活得”太累。难道，每天的生活真的那么累吗？还是太关注自己，在乎别人对自己的看法？

心理学家认为：一个人若是遵从内心的感受，选择自己喜欢的生活方式，他是感觉不到累的。那么，我们所感觉到的累是怎么回事呢？大多数都有这样的经历：上学的时候，父母总是指着隔壁的孩子说：“瞧瞧人

家，成绩多优秀，你得向他看齐。”大学毕业了，父母长辈都说：“还是当个老师，或者考考公务员，这才是‘铁饭碗’，其他的都不是什么正当的工作。”工作的时候，上司总是告诉你这样不对，那样不对。我们生活的最初点，似乎关注着自己，讨好别人，而从来没有讨好过自己。

小资是一名歌手，以前，她也有过抱怨的时候，每次上节目，她都会抱怨：“自己太辛苦，实在受不了压力太大的生活，有时候，为了讨好歌迷、媒体，我一年发行两张专辑，但是，自己又想把工作做得更好，这样的工作量简直令我崩溃。”以前的工作时间安排得很紧，白天上通告做宣传，晚上还要去录音棚完成下一张专辑的录制，这样的生活超出了小资可以承受的范围，每天，她都感觉很累，心中的怨气又无处诉说。最后，在内心快要崩溃的时候，她选择了退出歌坛。

在四年的休息时间里，小资做自己喜欢的事情，她说：“以前大家都是看我怎么变化，现在我是用自己的脚步来看大家的改变。虽然，现在我年纪大了，似乎变得老了一些，但是，年龄并不是我能掩盖的东西，我也想永远年轻，渐渐地，我懂得了这就是时间给我的礼物。在我成长的过程中，我得到的最大一份礼物是不用费劲去证明，只需要做自己喜欢的事情，跟着自己的步伐，在以后的时间里，如果我能完全坚持自己的选择，那就是最好的生活。”或许，年龄对于小资来说，大了一些，但是，正是处于这个年龄，不需要讨好任何人。最近，小资复出了，在工作上，她已经与唱片公司达成了一致的意见，不需要拿任何事情炒作新闻，同时，不需要为了赢得名气而故意报唱片的数字，自己可以自由自在地唱歌，这是小资最喜欢的一种状态。

小资这样告诉所有的媒体：“我不需要讨好所有人，我只需要做自己喜欢的事情。”然而，就是这样一句话，令所有的媒体工作者既羡慕又嫉妒，因为，对于媒体工作者而言，他们的工作就是在讨好所有人，从而将自己的委屈和自尊放弃。每天，都有许多人为了人际交往，为了生存而讨好他人，他们在这样的过程中感到很累，甚至，感觉心力透支。到底是为了什么，我们需要对身边所有人尽力讨好呢？原因在于太关注自己。

王娜是同事们公认的“好人缘”，或者说，她是一个从来不唱反调的人，在任何时候，她的观点都与大家一样。在办公室里，一个东西，只要同事们都说“这个东西真的很好”，她就会随声附和“真的很好啊”；一件衣服，同事们都说漂亮，她也会表示同意“颜色十分均匀，款式也很新颖”；一份策划案，大家都说不错，她也会承认“设计比较独特，很不错”。于是，只要王娜在办公室，大家都喜欢问她的意见，虽然从来都知道她不会说一句反驳的话，但是，大家似乎养成了一种习惯，凡事都希望王娜能够说两句好听的话。这可给王娜带来了许多烦恼，每天，为了应付那些同事，总说“好啊，这个好”、“不错，不错”，即使心里觉得这个东西真的不咋样，但是，为了赢得一份好人缘，王娜还是满脸笑容说：“我觉得很不错。”

可是，每天一回到家里，王娜就开始抱怨连连：“真累！搞不懂那些同事是什么欣赏眼光啊，明明那个东西没有什么用，偏偏宝贝得不得了；一件过了季的衣服，还说漂亮；策划案完全是抄袭网上的一篇文章，大家都称赞得不行了，为了应付他们，每天真的好累！”同居的好友张莉笑着说：“既然累，干吗不做回自己，说自己喜欢的话，做自己喜欢的事情，干吗搞得自己这么累，我就从来不说违心话，得罪了他们又怎样？我还是照样工作。”王娜叹息着：“唉……”

对此，一个公认的“好人缘”却有一肚子苦水需要倒：“每天，我觉得我都不是自己在生活，而是为别人在活，为了讨好他们，我把自己喜欢的一切都放弃了，最后，他们还是不满意。白天，戴着微笑的面具，晚上回到家，没有人愿意分担我的烦恼。我感觉内心有股气，它在不断地积累，膨胀，我害怕有一天自己会崩溃。”在日常交际中，与他人建立良好融洽的关系是极其重要的，但是，并不要以放弃自己喜欢的为代价，我们并不需要过于关注自己，去讨好所有人，有时候，保持自己的个性，往往会令我们有意外的收获。

在日常生活中，我们都会羡慕那种所谓的“好人缘”，似乎每个人跟他都能聊到一块儿去，更关键的是，他所说的每一句话，所做的每一件事，都顺应大家的心思，他没有理由不受到大家的喜欢。在公司，上司说这个方案不行，他一句话不说，马上改成了上司喜欢的方案；挑剔的同事说，你今天的打扮好像不太和谐，第二天，他就真的换了一套同事满意的服饰；在家里，爸妈说，你新交的男朋友没有固定的工作，她就真的决定与男友分手，重新找了一个让父母觉得满意的男朋友。在这个过程中我们会发现，自己不过是在讨好身边的人而已，久而久之便失去了自己的生活。

哲学启示：

叔本华认为，我们要懂得这样一个道理：你不需要太关注自己，因为只有自己喜欢才是最重要的，因为，你所过的生活没有任何人来分担你的烦恼、愤怒。

拥有强大的内心，才能勇往直前

> 一个人的自身拥有越多，那么，别人能够给予他的也就越少。
>
> ——叔本华

叔本华说：“一个人的自身拥有越多，那么，别人能够给予他的也就越少。”当一个人内心强大、富足的时候，别人能够给予他的东西确实很少。生活中的人和事会影响你的感受，但究竟怎么想、怎么做，最终决定权还是在你手里。强大的内心能从正面引导你的个人成长，还能帮你在创业过程中获得周围的支持。

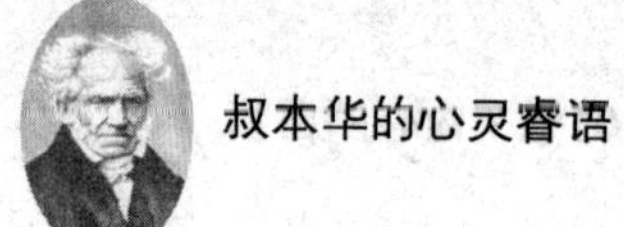

一个人的情绪由自己把关，带着积极态度迎接挑战，你会发现这个世界充满着各种难以想象的机遇和可能性。当不可避免地产生一些负面想法，扰乱你的思维。遇到这种情况先停下来，提醒自己，这些沮丧无助的感觉只是暂时的。对自己说，你能把所有负面的东西甩到一边，重新拥有强大的内心。

伍登，在全美十二年的篮球年赛中，替加州大学洛杉矶分校赢得十次全国总冠军。如此辉煌的成绩，使伍登成为公认的有史以来最称职的篮球教练之一。

曾经有记者问他："伍登教练，请问你如何保持这种强大的内心？"

伍登很愉快地回答："每天我在睡觉以前，都会提起精神告诉自己：我今天的表现非常好，而且明天的表现会更好。"

"就只有这么简短的一句话吗？"记者有些不敢相信。

伍登坚定地回答："简短的一句话？这句话我可是坚持了二十年！我今日的成功和这句话的简短与否没关系，关键在于我坚持去做，如果无法持之以恒，就算是长篇大论也没有帮助。"

伍登的积极性超乎常人，不单单是对篮球的执着，对于其他的生活细节也保持这种精神。例如，有一次，他与朋友开车到市中心，面对拥挤的车潮，朋友感到不满，继而频频抱怨，但伍登却欣喜地说："这里真是个热闹的城市。"

朋友好奇地问："为什么你的想法总是异于常人？"

伍登回答说："一点都不奇怪，我是用心里所想的事情来看待，不管是悲是喜，我的生活中永远都充满机会，这些机会的出现不会因为我的悲或喜而改变，只要不断地让自己保持积极的心态，我就可以掌握机会，激发更多的潜在力量。"

成功人士的首要标志就是他的内心异常强大，如果一个人的内心足够强大，乐观地面对人生，乐观地接受挑战和应付困难，那他就成功了一半。我们必须面对这样一个事实，在这个世界上成功卓越者少，失败平庸

者多，成功卓越者活得充实、自在、潇洒，失败平庸者过得空虚、艰难、沉重。

当然，一个人的内心不仅仅需要强大，更需要富足，浮世之中，总有许多人为追求物质享受、社会地位和显赫名声等身外之物而心力交瘁、疲惫不堪。他们怨天尤人、欲逃离其中而不可得，皆因忽略了自己的内心，不明白内心富足的道理。

一天早上，小和尚发现师父得到了6个馒头，大师兄也得到了6个馒头，只有他得到了4个馒头。

小和尚觉得不公平，师父得到6个馒头，他没有意见，可大师兄也得到6个馒头，不是跟师父平起平坐了吗？不行，不行！

于是，小和尚找到师父，也要6个馒头。师父说："你能吃下6个馒头吗？"小和尚大声说："能！我要6个馒头！"

师父看了看小和尚，从自己的馒头中拿了2个给小和尚。不久，小和尚就把6个馒头吃完了，吃得很饱。小和尚拍着肚子高兴地对师父说："看，6个馒头我都吃下去了。我能吃6个馒头，以后每天早上我都要像大师兄一样要6个馒头！"师父微笑地看着小和尚，说："你是吃下了6个馒头，但明天你要不要6个馒头，还是等会儿再说吧！"

一会儿，小和尚觉得肚子胀，口渴，然后就去喝了半碗水。接着，小和尚的肚子比刚才更胀了，而且，还有点痛。小和尚开始难受了，根本没有办法像平时那样挑水、扫地和念经了。

这时候，师父对小和尚说："平时你吃4个馒头，今天你却吃了6个馒头，你多得了2个，可是你并没有享受到这2个馒头的好处，相反，它们给你带来了痛苦。得到，不一定就是享受。不要把眼光盯着别人，不要与别人比，不贪不求，自然知足，自然常乐。"

小和尚点点头，捂着肚子说："师父，以后我还是吃4个馒头吧！

心境明澈，知足常乐！得到不一定就是享受，不要总是将眼光盯着别人，不要与别人比，不贪不求，自然知足，自然快乐。快乐源自内心，痛苦亦源自内心，修身修口不如修心，只要心潜修好了，心境自然会敞亮开来。

哲学启示：

因为内心强大、富足，所以一直快乐地生活；因为心无旁骛，所以活得轻松。不忘最初的至善至美，才有如此的美好年华。人生不过如此，当你内心空虚，开始为了生活奔波，让原本轻盈的心灵负载欲望，生活只会越来越艰难，你脸上的微笑也会越来越少。

第02章　别在意他人眼中的自我

一个人成熟的标志之一就是，明白每天发生在自己身上的99%的事情对于别人而言根本毫无意义。叔本华认为，你只需要做好自己，无须在意别人眼中的自己。只有这样，才能更好地成就自我。

走自己的路，让别人去说

人性一个最特别的弱点就是：在意别人如何看待自己。

——叔本华

叔本华认为，人性一个最特别的弱点就是在意别人如何看待自己。每个人对一个事物都有一个主观的看法和评价，一味地在意别人的看法，你将找不到属于自己的路。每个人都有自己的特点和优势，别人对你的简单评价，不足以反映你的真实情况。做人要有主见，还要有充分的自信，相信自己的判断力，不要轻而易举地听从他人的意见，而改变自己的主张。每个人的使命终究还要靠自己来完成，你人生的目标，是独一无二的，专属于你自己的。它神秘而又绚烂，值得你用一生去追求。

从前，有一个人酷爱文学，他苦心撰写了一篇小说，请一位著名作家指教。因为作家正患眼疾，学生便将作品读给作家听。读到最后一个字，学生停顿下来。作家问道："结束了吗？"听语气似乎意犹未尽，渴望下文。这一追问，点燃学生的激情，立刻灵感迸发，马上接续道："没有

啊！下部分更精彩！”他以自己都难以置信的构思叙述下去。

到达一个段落，作家又似乎难以割舍地问：“结束了吗？”

我的小说一定是精彩绝伦，叫人欲罢不能！他这样想着，心里更加兴奋，更加激昂，更富于创作激情。他不停地接续……最后，电话铃声骤然响起，打断了学生的思路。

这时有客人到作家家里做客，他们的交谈被迫中断了。作家说，“其实你的小说早该收笔，在我第一次询问你是否结束的时候，就应该结束。何必画蛇添足，狗尾续貂？该停则止，看来，你还没有把握情节脉络，尤其是缺少决断。决断是当作家的根本，像你这样拖泥带水，如何打动读者？”

学生追悔莫及，想想作家的意见，觉得自己的性格和情绪易受外界左右，不能沉下心来，把握作品的主旨，恐怕不是当作家的料。

没过多久，这个学生遇到另一位作家，羞愧地谈及往事，谁知这位作家惊呼：你的反应如此迅捷、思维如此敏锐、编造故事的能力如此强大，这些正是成为作家的天赋啊！

不同的两位作家，从不同的方面给予了截然相反的两种评价。学生听后，不禁茫然。

这个案例告诉我们，每个人对一个事物都有一种主观的看法和评价，一味在意别人的看法，你将找不到属于自己的路。美国职业足球教练文斯·伦巴迪当年曾被批评“对足球只懂皮毛，缺乏斗志”。贝多芬学拉小提琴时，技术并不高明，他宁可拉他自己作的曲子，也不肯作技巧上的改善，他的老师说他绝不是个当作曲家的料。但他却勇于走自己的路，不被别人的意见和评论所左右，最后取得了举世瞩目的成就。

威廉在圣司多罗有个牧马场，他在一次活动的致辞里提到这个故事：初中时，有一次，老师叫全班同学写作文。那一晚，一个小男孩花费了很多心血把作文写成了，他描述他的宏伟志向，那就是拥有一个属于自己的牧场。他仔细地画了一张200亩牧场的设计图，上面标有马厩和跑道的位

置，在这一大片牧场中央还要建一栋占地400平方米的豪宅。

两天后他拿回了作文，看到第一页上打了个又红又大的“F”，下课后小男孩带着作文去找老师：“为什么给我不及格？”老师回答说：“你小小年纪，不要老做白日梦。你没有钱，没有家庭背景，什么都没有，别太好高骛远了。”老师接着说：“如果你肯重写一个不怎么离谱的志愿，我会重新给你打分。”小男孩回家反复思考了很久，然后征询父亲的意见。父亲对他说：“儿子，这是非常重要的决定，你必须自己拿主意。”经过再三考虑，这个男孩决定原样交回。他告诉老师：“即使拿个大红字，我也不愿意放弃梦想。”

“我讲这个故事，是因为各位现在就在这200亩牧场及占地400平方米的豪宅，那份初中时写的作文我至今还保留着。”威廉对大家说：“有意思的是，两年前的夏天，那位老师带了30个学生来到我的牧场露营一星期，离开之前，他对我说：‘威廉，说来有些惭愧，你读初中时我曾泼你冷水，幸亏你有这样的毅力坚持自己的梦想。’”

人要从没路的地方走出一条路来，不要泯灭自己的个性，一味地模仿别人只会迷失自我，连自己的命运都把握不了。“走自己的路，让人们去说吧！”我们对但丁的这句名言并不陌生。可是，我们在生活中是否信奉它，实践它呢?

要知道，在这个世界上，生活着60亿各自具有不同特质的人，在他们各自的生活轨迹上，至少存有上亿种成功模式。当我们每一个人特定的优势与劣势、需要与理想是如此的与众不同时，怎么可能存在一种放之四海而皆准的成功模式呢?

人生只属于自己，一味遵循他人的思想，不敢面对真理是懦弱的表现，这样的人生是悲哀的。我们应该成为主宰自己命运的人，走自己的路，走出自己的风格，走出自己的个性，我们的人生才会是独特的，才会是精彩的。而且，如同我们每一个人有不同的生活轨迹一样，每一个人对成功的定义也是截然不同的。

哲学启示：

叔本华认为，成功的定义并不取决于你渴望的目标，而是取决于你达到目标后的满意程度。也就是说，每一个人都应该有自己的人生，有自己的成功之路，在这条成功之路上，都应该有属于自己的成功底牌，打拼出不一样的人生。

相交赢在保持距离

这个世界沉浸在罪恶之中：野蛮人互相吞食对方，文明人互相欺骗对方，这就是所谓的世道方式。明智的人在取暖的时候懂得与火保持一段距离，而不会像傻瓜那样太过靠近火堆；后者在灼伤自己以后，就一头扎进寒冷的独孤之中，大声地抱怨那灼人的火苗。

——叔本华

在叔本华看来，世界所谓的世道方式是野蛮人互相吞食对方，文明人互相欺骗对方。所以那些聪明人在取暖时懂得与火保持一段距离，而不会像傻瓜那样太过靠近火堆。在日常交际中，每个人都需要遵循一定的心理原则，如此，才能在社会交际中左右逢源、应付自如。而其中所需要遵循的最基本原则就是“相交赢在保持距离”。

曾经有一位生物学家将十几只刺猬放在户外的空地上，寒冷的冬天，这些刺猬被冻得浑身发抖。为了能够暖和身子，刺猬们试着紧紧地靠在一起，不过，一旦两只刺猬相互靠拢后，却又感觉对方的长刺扎进了皮肤里，因为疼痛，它们很快又分开了。但只分开了一会儿，又因忍受不了寒冷，它们又选择靠在一起，但只过了一会儿，它们又因为疼痛而分开。就

这样，刺猬们不断地在受冻与刺痛中折腾，这样反复尝试之后，刺猬们找到了一个适中的距离，既可以互相取暖，又不至于被刺伤。这个实验所得出的结论就是著名的“刺猬效应”。

所谓“君子之交淡如水”，面对一些所谓的朋友，接触不宜过深，如此才能保持人与人之间的心理距离。当然，接触不宜过深，包括两个方面，一方面是不要极力去探寻对方的事情，另一方面是自我表露不宜过深。前者将会引起对方心中的不快，或许，还会把你当作是带着某种企图的人；后者会暴露自己过多的信息，将会导致自己处于不利的位置。所以，在社交场合中，要切记，接触不宜过深。

清朝时，一位新上任的县令，初次去拜见上司，想不出该说什么话。沉默了一会儿，忽然问道：“大人尊姓？”这位上司看上去很吃惊，勉强说了姓某。县令低头想了很久，说：“大人的姓，百家姓中所没有。”上司脸色惊异，说：“我是旗人，贵县不知道吗？”县令又站起来，说：“大人在哪一旗？”上司说：“正红旗。”县令说：“正黄旗最好，大人怎么不在正黄旗呢？”上司勃然大怒，问：“贵县是哪一省的人？”县令说：“广西。”上司说：“广东最好，你为什么不在广东？”县令吃了一惊，这才发现上司满脸怒气，赶快离开了。不久，这位县令便被借故免职了。

在这个案例中，正是那位县令不懂得说话技巧，口无遮拦，才会引得上司发脾气，导致最后自己也被免职了。其实，一开始的时候，县令贸然问道“大人尊姓”，上司就已经不高兴了。作为自己的上级，又是初次见面，怎好问这样的问题呢？或许，县令只是想更多地了解上司，借此机会拉近与上司之间的关系，但是，如此贸然地追问，只会令对方反感。这个案例告诉我们，对于那些初次见面的人，不宜追问过深，否则就是自找麻烦。

俗话说：“酒逢知己千杯少，话不投机半句多。”如果遇到不是特别了解的人，就不要滔滔不绝、大谈特谈，你这样只会让双方交流起来更吃

力。遇到话不投机的人，说话就应该点到为止，不宜自我表露太多。

法国总统戴高乐就是一个很会交际的人。他有一个座右铭：“保持一定的距离！”这也深刻地影响了他和顾问、智囊和参谋之间的关系。

在他任职的十多年里，秘书处、办公厅和私人参谋部等顾问和智囊机构，没有什么人的工作年限能超过两年以上。他对新上任的办公厅主任总是这样说：“我使用你两年，正如人们不能以参谋部的工作作为自己的职业，你也不能以办公厅主任作为自己的职业。”这就是戴高乐的规定。

这一规定出于两方面原因：一是在他看来，调动是正常的，而固定是不正常的。这是受部队做法的影响，因为军队是流动的，没有始终固定在一个地方的军队。二是他不想让“这些人”变成他“离不开的人”。这表明戴高乐是个主要靠自己的思维和决断而生存的领袖，他不容许身边有永远离不开的人。只有调动，才能保持一定距离，而唯有保持一定的距离，才能保证顾问和参谋的思维和决断具有新鲜感和充满朝气，也就可以杜绝年长日久的顾问和参谋们假借总统和政府的名义营私舞弊。

戴高乐的做法是令人深思和敬佩的。没有距离感，领导决策过分依赖秘书或某几个人，容易使智囊人员干政，进而使这些人假借领导名义，谋一己之私利，最后拉领导干部下水，后果是很危险的。两相比较，还是保持一定距离好。

在日常交际中，表露是两个人相互的，如果你能真诚地向对方袒露自己的心理、思想，那么，对方也会坦诚相待。但是，如果自己在那里口若悬河地说，对方却沉默不语，那就是过于表露了。对一些与自己关系不是很好的人，不要过分地表露自己。有可能你的过分自我表露，会给你带来一些不必要的麻烦。

也许，我们可以理解在社交场合中，急切想认识某个人的那种心理，但无论怎样都应该遵循“刺猬效应”。对于他人的信息，如果对方愿意谈论，你就洗耳恭听；反之，如果对方不愿意说，那么，你也不要极力追问，这是交际中的一大禁忌。

如果沟通时双方有观念上的差异，不要试图逼对方接受你的意见。一般闲谈时，忌讳打破沙锅问到底。当发现对方对你的问题失去兴趣时，最好结束话题，免得对方找借口离开。

哲学启示：

其实，叔本华所认为的那个距离就是人与人之间的心理距离。他的观点给了我们这样的启示：在交际中，接触不宜过深，不管是表露，还是探寻别人，那都是不恰当的，一旦超过了那个距离，双方都会陷入痛苦之中。

与其苛责对方，不如做好自己

在这样一个充满缺陷的世界里，如果你能遇到真挚的朋友就好好珍惜吧。有时候，我们连对自己真诚都做不到。所以，无须苛责别人，人性本就复杂奇怪。

——叔本华

叔本华说：“无须苛责别人，人性本就复杂奇怪。”足球教练说：“我能做什么，你们就能做什么。我没做的，你们做之前就要掂量掂量，或者请示一下。”作为一个上司，他力求以身作则，而不是苛求球员。在现实生活中，有的人习惯于对其他人百般苛求，对方出现了一点点纰漏，他就严厉指责，在他看来，似乎所有人做事都达不到自己的标准。朋友有洁癖，她几乎包揽了所有家务，家里的人主动帮忙，她也果断拒绝了，理由居然是：“我觉得她清洗东西不够干净，我看不上眼。”即使家人主动帮忙清洗了衣物，她也会选择重新清洗一遍，还到处抱怨：“真是，清洗不干净，还来瞎凑合，尽给我添麻烦。”后来，大家都不来帮忙，她又多了怨言：“一天真累死人，也不见哪个来帮忙，我真是命苦啊！”无论对方处于什么样的境地，似乎都受到了指责，似乎是她对别人太苛求了。事实上，与其对他人百般苛求指责，不妨点醒自己，以身作则，放弃心中的完美追求，这样，无论对于身边的人还是自己，都能够收获一份更坦然的心境。

有这样一类人，他们往往能够脱颖而出，有着远大的理想，追求完美，对自己高标准、严要求，但在人际交往中，对他人常常多了几分苛求，当然，也多了几分指责。然而，在完美的背后，到底是什么驱使他们呢？心理学家通过研究发现，那些习惯于苛求和指责他人的人，往往是一些完美主义者，他们的座右铭是：永不停歇，不断成功！当然，他们永远不知道什么叫“知足常乐”，在追求成功的道路上，他们需要很多人的支持。对于一个上司来说，他的完美主义不仅仅针对自己，同时，也针对下面的员工，他对自己的那些要求，比如精力充沛、追求细节、不计报酬等，强加于下面的员工身上，不管员工是否有怨言。在完成任务的过程中，员工出一点错误，他就会怨声载道，对员工抱怨不已。对此，心理专家特别提醒那些有着完美情结的上司：对他人苛求指责，不如点醒自己，以身作则。

公司来了一位新上司，小松既惊喜又恐惧，惊喜的是原来那个讨厌的上司终于调走了，恐惧的是听说新上司是一个完美主义者。新来的上司是一位典型的上海人，做起事来一丝不苟，中规中矩，任何事情，他都极力追求完美，对完美简直是一种苛求，这样一种苛求对小松来说就是一种莫大的压力，心中时常感到烦闷，莫名地生气。

有时候，需要与客户洽谈生意，上司就要求小松每次都要写出详细的业务计划和预算，包括具体的时间，会谈阶段的安排以及具体的会谈内容、目的以及所实施的方法等。可是，小松以前并不是这样工作的，小松本身是一个聪明而善于应变的人，很多时候，谈判的成功常常在灵感乍现

之间。尽管小松不止一次向新上司说明自己工作的特点，但是，新上司还是执意要求小松写出详细的业务计划，否则，就对其工作百般挑剔、指责。面对一个苛求完美和细节的新上司，小松感到比之前的压力更大，工作起来也束手束脚，没有办法展示自己的能力。而且，由于新上司的独特要求，小松大部分的时间和精力都花在了书写工作计划上，对此，小松常常写工作计划写到捧笔头。不到一个月，小松就感到支撑不下去了，他选择了辞职，去寻找自己的另一片自由天空。

我们不难看出，新上司是一位典型的完美主义者，他用自己的完美继续苛求下属，使下属有苦说不出，最终，下属丧失了为他工作的有效动力。许多老板都有这样一个特点：当员工完成了自己所交代的工作，他会觉得这是理所当然的，同时，他认为员工应该加倍努力，锦上添花，他们从来不懂得欣赏和赞美员工；如果员工没有达到自己的要求，他就会怨天尤人，甚至比员工还要沮丧，不能理解员工的辛苦。其实，老板自身就是一种消极的思维，这种消极的情绪感染到员工，员工也失去了追求成功的动力，对工作产生了消极态度，即使自己努力了也得不到肯定，谁还愿意努力呢？另外，老板这种消极的思维模式还会带来一种负面的情绪体验，令自己感到无奈、沮丧、愤怒。

习惯于苛求他人，这本身就是一种不恰当的行为，这会给他人形成一种强大的心理压力，使其内心产生诸多不快。另外，对我们自己的情绪和心情也有影响，如果苛求太多，自己的要求难以达到，也会怨气连连。因而，苛求与指责带给我们的始终是一种负面的情绪体验，在苛求与指责他人的过程中，我们变得越来越沮丧、愤怒。

哲学启示：

叔本华忠告我们，请放下心中的完美主义情结吧，放下对他人的苛求、指责，自己懂得醒悟，先以身作则，再去要求他人，要求这个世界给予自己什么，这样，我们才能远离愤怒、沮丧，一切成功将会顺其自然。

不准备改变对方，而是善于利用他们

针对别人的行为动怒就跟向一块我们前进路上的石头大发脾气同等愚蠢。对于许多人，我们最聪明的想法就是："我不准备改变他们，我要利用他们。"

——叔本华

叔本华认为，对于无法改变的对方，不妨利用他们。人与人之间的相处，无疑是彼此思想的碰撞和交流。一千个读者就有一千个哈姆雷特，世界上没有两个思想完全相同的人，这也就注定了交流中会出现不必要的冲突和摩擦。而学会巧妙地利用对方，把对方引入自己的思路，按自己的想法说话，那样自己的意见就能够轻而易举地得到对方的赞同，甚至在谈话中取得决定性胜利，让对方甘愿支持你。

美国经济学家、罗斯福总统的私人顾问亚历山大·萨克斯，在1939年受爱因斯坦等科学家的委托，企图说服罗斯福重视原子弹研究，以便抢在德国前制造原子弹。尽管有科学家们的信件和备忘录，但罗斯福的反应冷淡，他说："这些都很有趣，不过政府若在现阶段干预此事，看来为时过早。"

罗斯福为表示歉意，决定邀请萨克斯于第二天共进早餐。早餐开始前，罗斯福提出，今天不许再谈爱因斯坦的信。萨克斯含笑望着总统说："我想谈一点历史。英法战争期间，在欧洲大陆上不可一世的拿破仑在海上却屡战屡败。这时一位年轻的美国发明家富尔顿来到了这位法国皇帝面前，建议把法国战舰上的桅杆砍掉，撤去风帆，装上蒸汽机，把木板换成钢板。""但是，拿破仑却想，船若没有帆就不能航行，木板换成钢板，船就会沉没。他嘲笑富尔顿简直是想入非非，不可思议！结果富尔顿被轰了出去。历史学家们在评论这段历史时认为，如果当初拿破仑采纳富尔顿

的建议，19世纪的历史就会重写。”萨克斯说完，目光深沉地注视着罗斯福总统。罗斯福沉思了几分钟，然后斟满酒，递给萨克斯，说道：“你胜利了！”

萨克斯终于说服了罗斯福总统，其成功在于迂回地表达反对性意见，可避免直接的冲撞，减少了摩擦。根本不抱着改变对方的想法，而是巧妙地把对方引入自己的思路，使对方按你的思路想问题，这样一来，对方更愿意考虑你的观点，而不被情绪所左右。因此，萨克斯最终在谈话中取得了胜利，也使世界科学开始向前迈了一大步。

我们每一个人都有自己的一系列观点和看法，它时刻支撑着我们的自信，同时它也是我们思考的结果。无论是谁，遭到别人的直言不讳的反对，特别是当受到激烈言辞的痛击时，都会产生敌意，导致不快、反感、厌恶甚至愤怒和仇恨，我们恰恰不是利用对方的情绪吗？这时，我们何不迂回性地表达自己的意见，让对方按自己的想法考虑问题，这样就会事半功倍，我们的意见更容易被人所接受。

保尔·里奇是《芝加哥日报》的著名记者，有一次，他有幸与胡佛在同一节车厢，这对他来说，是一个采访这位著名人物的绝佳机会。但是他遭遇一个难题，里奇有好几次都把话题扯到了胡佛最感兴趣的事情上，想调动起胡佛说话的积极性，可胡佛那双机灵、暗蓝色的眼睛告诉他，他的努力是徒劳的，胡佛根本不感兴趣。此时的里奇面临着一个每个人都曾遇到的难题：他想给一个比他年长，而且位高权重的知名人士留一个好印象，可这位知名人士对他一点兴趣都没有。在这种状况下，里奇该用什么方法才能让胡佛注意到自己呢？就在他束手无策时，他灵机一动，想到了一个在新闻采访中常常使用的心理策略：对内行故意发表一些外行的错误看法，以此引发被采访人反驳的兴趣。

里奇说：“正当我想要放弃时，上帝保佑，我对一件事情发表了一些明显错误的看法，而胡佛对这件事是很内行的。”

当火车正行经内华达州，里奇望着窗外那些寂静而凄凉的荒地和远处烟雾弥漫的群山说："上帝，没想到内华达州还在用锄头和铲子进行人工垦殖呢。"听了里奇的话，胡佛马上接着他的话开始侃侃而谈起来。

里奇正是通过自己的心理策略，故意对一件事情发表了一些明显错误的看法，以此引起胡佛的反驳兴趣，使得本来根本不想说话的胡佛开始对这件事情发表意见。里奇确定一个方向，将胡佛引向自己的说话思路，最终里奇获得了第一手新闻采访资料，出色地完成了一次采访。"对内行故意发表一些外行的错误看法，以此引发被采访人反驳的兴趣"，这不仅是新闻采访中常用的心理策略，也是平时我们在谈话中可取的技巧。

**哲学启示：**

往往直接的改变方式免不了会产生一些不必要的摩擦和冲突，因此，采用迂回的方式，巧妙地把对方带入自己的思路，让对方按自己的思路想问题。这样一来，彼此交流没有障碍，没有阻隔，更多的是理解和包容，那么就更易得到对方的支持。

不必太在乎别人的冷嘲热讽

只要我们有机会认清古今多少伟人曾受过蠢虫的蔑视，也就晓得在乎别人怎么说便是太尊敬别人了。

——叔本华

在叔本华看来，大部分的古今伟人都曾遭受许多人的蔑视，但正是这样的过程，才造就了这些人的伟大与明智。我们活在这个世界上，首要目标就是为了实现自己的价值，而并不是为了求得所有人的认同甚至拥护。

在我们身边，每个人的思维和行为方式都不一样，总会有一些跟自己合不来，他们有可能会对我们的言行进行冷嘲热讽，其实这都是极为正常的。因为在这个世界，任何人都不可能赢得所有人的心，在我们的朋友圈子以外，总会有那么几个人，心生嫉妒，不怀好意地望着我们。不论我们怎么努力，我们都不可能让所有人都成为自己的朋友。在这样的情况下，我们需要忍耐那些非朋友的冷嘲热讽，在忍耐中变得淡然，既然他丝毫不会理解你，他的冷嘲热讽对你而言，也是毫无意义的，就好像是盘旋在头顶上的嗡嗡响的苍蝇一样。

对此，我们根本没有必要花很多时间和精力去悲伤或是愤怒，赢得好人缘固然是一种幸运，但有时候我们的内心仅满足“得一知己”。这样想来，对其他人的冷嘲热讽，我们就没有必要为之生气，而是淡然笑之，在忍耐中修炼自己，淡定从容，努力实现自我的人生价值。

1897年5月6日，维克多·格林尼亚出生在法国瑟尔堡的一个有名望的资本家家庭。当时，他的父亲正经营一家船舶制造厂，有着万贯家财。格林尼亚童年时期，由于家境的优裕，再加上父母的溺爱和娇生惯养，使得他在瑟尔堡四处游荡，盛气凌人。那时候，他没有理想，没有志气，根本不把学习放在心上，整天梦想着成为王公贵人。由于他长相英俊，当地的那些美丽姑娘都愿意与他交往。

但是，在一次午宴上，一位刚从巴黎来到瑟尔堡的波多丽女伯爵竟然毫不客气地对格林尼亚说：“请站远一点，我最讨厌被你这样的花花公子挡住我的视线！”这句话就好像针扎一般刺痛了他的心，刚开始，他为这句话而自卑、疯狂、偏执，但不久之后，他就醒悟了。他开始悔恨自己的过去，产生了羞愧和苦涩之感，他决定发奋学习，发誓一定要追回过去所浪费的时间，而每当自己的灵魂和肉体麻木的时候，他就用这句话来刺痛自己。后来，他决定远离家乡，临走之前，他给家人留下了这样一封书信：“请不要探询我的下落，容我刻苦努力地学习，我相信自己将来会创造出一些成就来的。”

格林尼亚来到了里昂，拜路易·波韦尔为师，通过两年的刻苦学习，他终于补上了过去所落下的全部课程。后来，他进入里昂大学插班就读，在大学期间，他得到了有机化学权威菲利普·巴尔的器重，在巴尔的帮助下，他将老师所有著名的化学实验重新做了一遍，并准确纠正了巴尔的一些错误和疏忽之处，就这样，从这些大量的平凡实验中诞生了格氏试剂。

格林尼亚就好像打开了科学的大门，他的科研成果不断地涌现出来。基于其伟大的贡献，1912年，瑞典皇家科学院授予其诺贝尔化学奖。这时，他收到了那位波多丽女伯爵的贺信，里面只有一句话："我永远敬爱你。"

波多丽女伯爵无意中的嘲讽，竟然成了格林尼亚前进的动力。虽然，刚开始听到这样的语言，他也自卑、疯狂、偏执，但很快他就醒悟了，他觉得自己应该忍耐这些讽刺，而且应该发奋努力，作出卓越的成绩。果然，当格林尼亚获得了诺贝尔化学奖，那位曾嘲讽他的波多丽女伯爵只说了一句话："我永远敬爱你。"

一个人如果总是患得患失，太注重别人的态度，并将自己的得失建立在别人的言行上，那自己怎么会开心呢?

林肯当选总统的那一刻，整个参议院的议员都感到十分尴尬，因为当时美国的参议员大部分都出身望族，他们自以为是上流优越的人，从没想过所面对的总统竟然是一个出身卑微的人，因为林肯的父亲是一个鞋匠。

当林肯站上讲台的时候，一位态度傲慢的参议员站起来说："林肯先生，在你开始演讲之前，我希望你记住，你是一个鞋匠的儿子。"顿时，所有的参议员都笑了起来，为自己可以羞辱林肯而开怀大笑。这时，林肯不卑不亢地说："我非常感激你能使我想起我的父亲，他已经过世了，我一定会永远记住你的忠告，我永远是鞋匠的儿子。我知道我做总统永远无法像我父亲做鞋匠做得那么好。"所有的议员陷入了沉默，这时，林肯对那位傲慢的参议员说："据我所知，我父亲以前也为你的家人做鞋子，如果你的鞋子不合脚，我可以帮你改正它，虽然我不是伟大的鞋匠，但是我从小就跟父亲学会了做鞋子这门手艺。"然后，他再一次扫视全场的参议

员，说道：“对参议院里的任何人都一样，如果你们穿的那双鞋子是我父亲做的，而它们需要修理或改善，我一定尽可能地帮忙。但是有一件事是可以确定的，我无法像他那么伟大，他的手艺是无人能比的。”说到这里，他流下了眼泪，顿时，全场爆发出热烈的掌声。

对于参议员的冷嘲热讽，林肯选择了忍耐，他只是道出了父亲的伟大，正是这一点，打动了在场的所有议员。别人对自己冷漠，嘲讽自己，并不意味着自己毫无价值。别人看轻了自己，没有关系，只要我们自己看重就行了。如果别人肆意侮辱，而那些侮辱的言辞是毫无根据的，不要生气，你只需要采取置之不理的态度，在忍耐中淡然面对，这样才会越发体现你超凡的人格魅力。

**哲学启示：**

对于自己的所作所为，别人要是嘲讽，那就让他嘲讽好了，又何必在乎一个自己原本不在乎的人所说的话呢？如果对方没看清楚事实，那根本就是这个人的损失，与自己无关。我们应该学会忍耐，并在忍耐中看淡那些所谓的冷嘲热讽。

礼貌是人际交往的适当距离

社交的起因在于人们生活的单调和空虚。社交的需要驱使他们来到一起，但各自具有的许多令人厌憎的品行又驱使他们分开。终于，他们找到了能彼此容忍的适当距离，那就是礼貌。

——叔本华

叔本华认为，人们找到了能彼此容忍的适当距离，即礼貌。在日常交际中，若对方是初次见面的陌生人，我们会使用较多的客气话，以此拉开彼此的距离。适当的客气话可以展现一个人的修养与素质，但过分地使用客气话，就会阻碍彼此的亲切感。然而，在某些时候，我们却可以通过说过分“客气礼貌”的话来拒绝与别人的交往，故意拉开彼此的距离，令对方主动退却。我们可能都有过这样的经历，如果到一个朋友家里，朋友却对自己异常客气，你说一句话，对方只会用“嗯”“啊”“哦”来回答，甚至和你说话时也是满嘴客气话，唯恐你不高兴，担心会得罪你。这样一来，你一定会觉得如芒刺在背，坐立不安，甚至想逃离这个地方。其实，这就是“过分”客气话达到效果，当然，朋友本意可能并不想以此来疏远你，而是客气话运用得不恰当。如此一来，我们却可以从中得出一个结论，当你不想与某人继续交谈下去的时候，不妨以“客气礼貌”令对方自退。

习惯于礼貌客气，实际上会给别人一种心理暗示：我与你是有一定的心理距离的，或者，我不愿意与你继续交谈下去。大多数人都有这样的经历，只有在面对陌生人的时候，我们才会说出那么多客气礼貌的话，而对于那些熟悉的朋友，我们会自然地省去这些繁文缛节。

小王是一位十分帅气的男孩，他在一家美发店工作。由于长相出众，许多女孩子都慕名而来，成了他最忠实的顾客。可是，小王为此却吃了不少苦头，自己是有女朋友的，但许多女顾客却屡屡“求爱”，甚至在深夜还会收到很多内容暧昧的短信，而且，女朋友为了这件事情与他冷战了很长一段时间。为了与那些女顾客保持距离，小王开始频繁地使用客气话“好的，非常谢谢您的惠顾，您慢走！”他连经常上门的老顾客也不会少讲一句客气话，这样的称呼让许多女顾客感觉不到亲切感，甚至觉得小王的态度有些冷淡。于是，在每次做完头发之后，那些之前“示爱”的女顾客都很有礼貌地告别。过了一段时间，小王就再也没有收到过内容暧昧的短信了，他和女朋友也和好如初了。

在交际中过多地使用客气礼貌的语言，可以为你“赶走”一些不喜欢的人。因为客气的语言会让对方感到生疏，继而感受到一种心理压力，最后他不得不选择退却。如果你不想与对方继续交谈下去，不妨使用客气的语言，通过语言暗示对方“我不愿意与你交谈下去”。当然，如果是熟识的朋友，客气话就不能说得太多。

偶尔说一些客气话，会成为你的社交利器。比如，当你在朋友面前说客气礼貌的话语，这是令朋友窘迫的最好武器；当你成为主人的时候，又成为最好的最高明的“逐客令”。客气话比大骂一顿更奏效，如果你怕对方会干扰你，就拼命地跟他说客气话，临走时别忘了请他“有空再来”，但是他绝对不会再来的。

为了使对方能够主动退却，你要选择那些十分刻板的客气话，比如，“久仰大名，如雷贯耳”“贵店生意一定兴旺发达”“小弟才疏学浅，还请阁下多多指教！”当你说出这些公式化的客气话，对方一定会适可而止的。

当同事为你倒一杯茶，想讨好你的时候，你可以故意夸张地说：“呵，谢谢你，真对不起，不该因为这点小事也麻烦你、真让我过意不去，实在太感谢了……”一大串客套话，让对方领会到你的“敷衍”之意。

为了展现出你“敷衍”的态度，在说客气话时要像背唐诗一样流畅。另外，还需要增加一些身体语言，比如，过度地打躬作揖，摇头摆身作态来帮助自己说客气话的表情，以“不雅观”的动作来展现自己的“虚假”，令对方主动退却。

哲学启示：

沟通的目的在于沟通双方的感情，增加彼此的兴趣，当你不想与对方继续交流下去时，就可以在你们之间建立一堵“墙”，而客气礼貌的话恰好可以达到这样的效果。这样一来，对方只能隔着墙作一些简单的敷衍应答，最后会选择主动离开。

第03章　人生归根结底都一样

在叔本华看来，人生归根结底都一样，必须经历过冗长的童年、异常渴望的青年，直至老年。但是，不管是茅棚或王宫，人生归根结底都一样，所以，人们没有理由将死亡当作人的彻底毁灭。

丰富个性的人往往对生活充满热情

世上命运好的人，无疑地是指那些具备天赋才情、有丰富个性的人。他们虽然不一定是辉煌灿烂的，却是最幸福的。

——叔本华

叔本华说：“世上命运好的人，无疑地是指那些具备天赋才情、有丰富个性的人。他们虽然不一定辉煌灿烂，却是最幸福的。”生活需要热情，那种平淡无味、死气沉沉的生活给人一种衰亡的感觉。上班族中很多人都是两点一线，朝九晚五，重复着简单无聊的日子。等到有一天突然回头，他们会发现自己已过而立之年，却依旧碌碌无为，只懂得生存，不知道何为快乐。这样的人未免被渲染得太过可悲，但由生存向生活过渡，很多人却实实在在用完了一生。这个过程不可谓不漫长，其间的酸甜苦辣，不用深究，其味道已浸染他的四周。

每一天清晨的霞光下，在一个个忙碌的身影中，有你，有我。一天如此，一年如此，一生都会如此。谁对生活更拥有热情，更懂得品味和享

受，无疑，他就很容易寻找到快乐的足迹。

杰克是美国一家麦当劳的员工，每天的工作就是不停地做很多相同的汉堡，没有什么新意，但是他仍然非常快乐，从来都是用满怀善意的微笑热情地迎接他的顾客，几年来一直如此。他的这种真挚的快乐，感染了很多人。有人不禁问他，为什么对这样一种毫无变化的工作感到快乐？究竟是什么让他充满热情？

杰克回答道，我每做出一个汉堡，就知道一定会有人因为它的美味而感到快乐，那我也就感到了我的作品带来的成功，这是多么美好的事情。我每天都会感谢上天给我这么好的一份工作。

由于杰克充满热情的工作态度，这家店的生意越来越好，名气也越来越大，最后传到了麦当劳公司总管的耳朵里，于是，杰克得到了麦当劳总公司的一个重要职位。

对于一个普通人来说，即便你坚信自己才华横溢，但如果你缺乏热情，你也只能停留在表面功夫的作业上，做一天和尚撞一天钟，既享受不到工作所带来的乐趣，也不会有任何升迁的机会。生活中需要热情，快乐更是由丰富的个性点燃的。当你对生活全身心投入的时候，那份专注的热情就会持久地温暖你的心，使你拥有燃烧着的快乐和付出后的满足。

在台湾著名艺人杨林的眼里，石头是这样的："石头说自己的话，唱自己的歌；它生气时只有自己知道，兴奋时非常低调，做梦时不让你知道。"正是这种对待生活积极热情的态度，造就了一个不同于传统观念的艺人。

杨林宣布挥别演艺圈转行画画的时候，曾引起了一片哗然，很多人都对她的"挥别"与"转行"感到不可思议。不过，杨林却平静地向大家说道："我只是选择一个让自己灵魂快乐起来、简单自在的工作罢了。"他坚信，对生活、对画画保有热情，所得到的快乐远比名誉和金钱多得多。

但她的经纪人不死心，多次上门来说服她："你看啊，随便拍个广告，15分钟就可以赚10万，你干吗不拍啊？"也被杨林坚决地一口回绝了，继而依旧执着地以画画为生，她曾以“撒旦”来形容这种赚钱的快乐与奇妙。

在某次画展结束的时候，杨林微笑着对人说道：一张画，少则要画个把月，多则要画两三个月，最后顶多也就卖几万元台币，相比拍广告是有些少了；可是呢，如果接拍广告的话，不但要很早从床上爬起来梳头、化妆，打扮美丽，还要一个劲儿地对着大家强装微笑，虽然转眼就有10万台币进账了，可以肆无忌惮地去买名牌、吃美食，然后骗自己说这样活着其实还不错……但实际上，精神上的空虚，又有谁能够看得到呢？

后来，杨林把自己的轿车卖掉了，而且还表示说，如果未来求学的经费不够了，就连房子也会卖掉的。她说：“我很快乐，快乐就是做自己想做的事情。”

只有金钱才能缔造快乐，这在很多人的观念里已经根深蒂固。对于那些重视物欲享受的人来说，杨林是个不折不扣的傻子，然而这却是一个真真正正会享受快乐的“傻子”，是一个让自己的精神归属快乐的人。她深深地懂得：在短若朝露的人生岁月里，只有把真实的自我释放出来，才不会白白地、惨惨地辜负自己。

热情是快乐的秘方，是成功的催化剂。黑格尔有句名言：“我们可以肯定地说，世界上的伟大事物都是靠热情来成就的。”一个精神萎靡不振的人绝对不会成为成功的人；一个怨天尤人的人也绝对不会获得快乐的体验。

哲学启示：

“问渠那得清如许？为有源头活水来。”如果你是一潭死水，就只能等着变臭、腐烂、干涸；如果你是一潭充满热情的活水，你就拥有了日新月异的动力，你就有了热情四射的活力，那时，你对快乐的理解和体验将获得前所未有的升华。

生活中，压力总是有的

一定的忧愁、痛苦或烦恼，对每个人都是时时必需的。一艘船如果没有压舱物，便不会稳定，不能朝着目的地一直前进。

——叔本华

叔本华说："一定的忧愁、痛苦或烦恼，对每个人都是时时必需的。一艘船如果没有压舱物，便不会稳定，不能朝着目的地一直前进。"生活中，压力总是有的，毕竟有压力才会推动生活向前进。

曾在一本书上看到这样一段话："人一生中都会面临两种选择，一是改变环境去适应自己，二是改变自己去适应环境。既然压力是已经存在的，根本无法彻底消除的，那我们何不积极地改变自己，正确引导各种压力成为自己前进的动力呢？"在现代社会，几乎每一个人都有压力，其实，适当的压力对我们自身是十分有益的。一个人的潜力究竟有多大呢，我想大多数人都不清楚，对此，科学家指出：人的能力有90%以上处于休眠状态，没有开发出来。是的，如果一个人没有动力，没有磨炼，没有正确的选择，那么，积聚在他们身上的潜能就不能被激发出来，而压力会给他们这样的动力。所以，适当的压力不仅能激发出一个人无限的潜能，而且，还能够带给我们许多快乐。

在日常生活中，来自各方面的压力使我们感到很累，好像生活被一个巨大、无形的网笼罩着，这令我们做任何事情都感到力不从心。于是，在强大的心理压力下，我们常常会幻想享受那种无忧无虑、不知忧愁是什么的生活。事实上，没有压力的生活是不可能快乐的，人会感到烦闷、无聊，这样的生活状态久了，人会感觉自己在堕落，从而丧失了对生命的追求。另外，生活在现代化的社会，我们无论如何都避不开压力：学生时代，我们所承受的是各种考试的压力；工作时期，有着上司的要求，家人的期许，自己内心的苛求，等等，这些压力都是无法避免的。既然无法避免这些潜在的压力，何不把压力当作生活的调剂品呢？

她是一位典型的家庭主妇，老公做汽车运输生意，生意十分红火，她的“事业”就是相夫教子。每天，除了煮饭就是洗衣服，除了逛街就是打扫清洁，甚至连两个孩子的学习都不用操心，因为请了家庭教师。生活得如此惬意，她因此常常受到许多人的羡慕：“你真有福气啊！老公有本事，孩子聪明伶俐，你年纪轻轻就过上了富太太的生活，哎，真羡慕你，哪像我，还要焦虑这样，担心那样，像你没有压力真好。”刚开始，她也会推辞几句：“哪里，哪里。”时间长了，她也会疑惑：难道自己真的如他们想象般快乐吗？以前孩子还小的时候，还可以陪在他们身边，现在老公长时间在外面谈生意，孩子也上学了，家里就剩下了自己一个人，尽管没有金钱的压力，没有生存的压力，但是，总感觉自己很无聊，心里烦闷，似乎远离了久违的快乐，这是为什么呢？

在现代社会，大多数都会羡慕没有经济压力的家庭主妇、坐在办公室看报纸的公务员，似乎觉得他们的生活总是那么悠闲、自在，远离了压力的困扰。事实上，他们的生活真有那么快乐吗？一位公务员朋友这样说：“每天九点我才去上班，十点左右就可以离开了，下午有时候根本不上班，可是，一天剩下了这么多时间，我也不知道怎么打发，心绪变得混乱不堪，时常感无聊、烦躁，有时候，我甚至感觉自己在浪费生命。”其实，烦闷的根源来源于“无所事事”，这与大多数家庭主妇的生活差不多，即使远离了社会压力，但是，无聊似乎比压力更令人苦恼。对此，心理学家对那些整日闲在家里的太太有一个建议：尽可能找一份自己喜欢的工作，不管收入有多少，至少能够体现自己的价值，给生活带来适当的压力。

一位留学英国的朋友回国，向同学们讲述了自己在国外的生活：“刚开始，我在国外的时候，由于自己英文很烂，害怕出糗，整天把自己关在屋里，看书、上网、看电影，这样的生活状态整整维持了一个月，就让我

崩溃了，我开始想：自己是否应该干点什么？”后来，我去了国家应用科学院求学，刚开始的时候，老师讲课自己一半都听不懂，而且，老师讲课也没有教材，只能靠自己做笔记，压力非常大。当时，我想，自己只要及格就行了，没有必要追求名列前茅。于是，每天，我都会借同学的笔记来抄，然后，就跟自己的男朋友一起出去约会。

临近考试的时候，我开始“抱佛脚”，背诵笔记，每天只睡三个小时，第一次考试，我及格了。虽然，自己的分数并不是很高，但是，令自己高兴的是老师给全班同学发了一封邮件，在信里，老师这样说：“这次考试，我以为出的题目比较难，但是，令我没有想到的是，班里的三个留学生考得还不错，希望你们继续努力。”老师的鼓励令我受到了鼓舞，我开始认真听课，成绩也越来越靠前了，到了第二年，我的成绩就排在了全班第一，这样的成绩不仅令同学们惊叹，连我自己也觉得不可思议。在国外求学的经历堪称跌宕起伏，但是，我并不觉得有什么不好，这些所谓的挫折与困难，让我学会了承受，让我赢得了最后的胜利。我们的生活需要适当的压力，压力教会了我们什么是坚持，最重要的是，让我远离了那种无聊、烦闷的生活，而重新拾起了久违的快乐。

有时候，适当的压力并不算什么，当你坚持下去，你就会发现已经没有多少压力了，所有的压力都会在行动中找到发泄的途径。只要我们能够坚定地走下去，全力以赴，我们将赢得自信，我们知道自己能够做得更好，这样长久地消除各种压力，获得动力，从而走向成功。当然，只有适度的压力才是最有效的，如果压力过大或根本没有压力，那么我们将不会快乐起来，也不能赢得最后的胜利。

哲学启示：

也许，有人会问，什么是适当的压力？适当的压力，就是指时间不长、刺激不大、能让人最终有成就感的压力。所以，随时让自己拥有适当的压力，舒缓过大的压力，从而远离无聊、烦躁的心境，重新追逐生活的快乐。

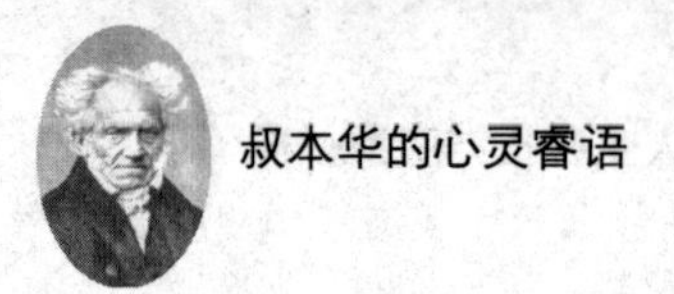

即使世界坍塌，仍保持泰然心情

在遭遇到已经发生的，不可更改的不幸时，我们不可以允许自己这样想：事情本来可以有另外的结局，更加不可以设想我们本来可以阻止这一不幸的发生。因为这种想法只能加剧痛苦至难以忍受的程度，我们因此也就是在折磨自己了。所有发生的事情都必然发生，是不可避免的。

——叔本华

叔本华认为，即便世界坍塌，但仍需要保持泰然心情。威廉·詹姆斯教授曾说："一个人要乐意接受已经形成的现实情况，因为接受现实是克服接踵而来的一切糟糕情况的第一步。"事实上，不仅仅詹姆斯教授这样想，林语堂在自己的畅销书《生活的艺术》中也阐述了同样的观点，他说："心理的宁静可以接受困境，因为它可以释放心灵的能力。"确实，宁静可以释放心灵的能力，只要我们接受了最糟糕的情况，那我们就毫无损失，因为这意味着我们失去的所有都有机会找回来了。毋庸置疑，这确实是源于生活的真理。

卡瑞尔先生说："我年轻时在纽约水牛城的水牛钢铁公司工作，我们公司会安装一种瓦斯清洗器，其功能是清除空气中的杂质以避免伤害发动机，这种清洁空气的方法是非常先进的。尽管我以前也曾安装过这种装置，不过当公司安排我去密苏里州水晶城的匹兹堡玻璃公司的下属工厂安装瓦斯清洗器时，却出现了意想不到的困难。我好不容易安装上之后，机器倒是可以正常运转了，不过其性能远没有达到预期效果。我以前工作挺顺利的，这次却失败了，这令我备受打击，我总会感到莫名的焦躁和担忧，以至于我寝食难安。最后，我的烦恼依然存在，我意识到这样是解决

不了问题的，我必须找到一种行之有效的方法。当然，我确实找到了一种处理问题的方法，这个方法非常有效，这么多年以来，我一直使用这种方法来缓解忧虑。现在我可以将这个方法告诉你，你可以教给更多的人：

“这个方法分为三个步骤，首先，我会全面分析自己目前的处境，以及因失败而造成的最糟糕的情形，当然，我不会因此而丧失性命或者进监狱。大不了就是损失老板购买机器的两万美元，而我则会丢掉工作。其次，我在思考过最糟糕的情形之后，我打算接受这个事实。我告诉自己，或许这次失败会成为我事业中的一个低谷，甚至我会因此被炒鱿鱼，不过即便我失去了工作，我依然可以寻找到新的工作。至于我的老板，他有足够的能力投入新的资金，从而试验出一种新的清洁空气的方法，两万美元对于他来说没什么大不了。即便出现最糟糕的情况，我也接受了。于是我绷紧的身心立即得到了放松，心里有一种从未有过的平静。最后，我的心已经平静下来，我可以更加清晰地思考如何来挽救这个还不算糟糕的情况。然后我开始积极思考，希望可以寻找到一种补救的办法，以减轻有可能造成的两万元损失。经过几次测验，终于有了转机，我发现顶多再安装一个价值五千美元的设备，就可以完全解决问题。事不宜迟，我马上去做，结果公司不仅没有损失那两万美元，相反还赚了一万五千美元。

最后，卡瑞尔先生对我说：“如果我一直忧虑下去，那我就无法取得最后的成功。不过，只要我们做好最坏的打算，且从心里接受这个最糟糕的情况，那你会发现大脑瞬间豁然开朗，若在这时集中精力思考，那就一定可以解决问题。尽管这件事已经过去很久了，但我一直使用这个方法来缓解内心的忧虑，而且极具实用性。现在，我每天都过得快乐，已经很难有烦恼在我身边驻足了。”

如何让自己变得成熟起来？看完这么多故事，想必你已经找到了有效的方法。是的，就是卡瑞尔所说的魔术方程式。我们再来回忆一遍这个方法的三个步骤：首先，假设事情发展的最糟糕情况；其次，既然事情已经这样，那不如学会接受它；最后，既然接受了，不妨静下心来思考解决问题的有效方法。当然，关键在于马上行动起来！

哲学启示：

叔本华告诉我们，在现实生活中，多少人为了克制自己的愤怒而毁了自己的生活，他们没办法接受最糟糕的情况，没有勇气去改变自己，去挣脱禁锢内心的魔鬼。他们的自我正在慢慢坍塌，却终日沉浸在过去的痛苦之中，最后，他们不仅没有找寻到自我，反而因忧虑成疾成为悲催的忧郁者。

健康是人生宝贵的财富

人类所能犯的最大的错误就是拿健康来换取其他身外之物！

——叔本华

叔本华很重视健康，在他看来，健康是人生最重要的财富，有健康才会有事业。人们常说有健康才有将来。健康，赋予生命无穷活力，创造生活无限精彩。将来，给了我们无穷的梦想，创造现实无数神话。毛泽东曾说过：身体是革命的本钱。一个人最大的财富就是他的健康和精力，这是无论用多少钱都买不来的。

年轻人努力工作本无可厚非，而且值得称赞，但在繁忙工作之余，却忽视自身健康，这给自己的将来埋下巨大的隐患。有调查表明，在白领人群中，有近20%的人几乎不做任何形式的体育锻炼；半数的精英白领说没有时间或者工作太累而不想锻炼；还有40%的精英白领则说不愿意将时间浪费在锻炼上，因为有重要的事情要做。而在有疾病的精英白领中，35%不愿去看医生，而且精英白领们在医生面前谎报病情的情形颇为严重。

这就是生活在重压下的白领们的身体状况。身体就像是一部机器，越用越灵活，越健康。长期不进行体育锻炼，不仅体形存在发福的危险，而且身体内在质量会如决口的河堤一样越来越糟糕。

从前，有一个贫穷的年轻人，他没有考虑如何改变自己现有的生活，而是经常抱怨自己的时运不济，没有机会发财，使得自己终日受穷，他为此愁眉不展，并且常常叹息："如果我能够拥有一大笔财富，那该多好啊！"

有一天，年轻人又在唉声叹气，这时，走过来一个须发皆白的老人，他见年轻人不高兴，便问道："年轻人，你有什么事情吗？怎么不高兴呢？"

"老天对我不公平，别人都能有很多钱，生活富足快乐，可我却始终那么贫穷。"年轻人将心中的想法讲了出来。

"你很穷？"老人感到很惊奇，有些不相信年轻人的话，但又由衷地说："我看你很富有嘛！"

"我没有钱、没有工作、没有穿的和用的，这怎么能叫富有呢？"年轻人问道。

老人没有从正面回答，而是反问道："年轻人，我用1000元买你的手指头，你同意吗？"

"那可不行！没有手指头，我就没办法拿东西了！"

"那我给你10000元，买你的一只手，你同意吗？"老人又问。

"不行，我不想当残疾人！"年轻人再次拒绝了。

"我给你100万元，买你的青春，让你马上变成80岁的老人，你同意吗？"老人继续问道。

"不行，我怎么能出卖自己的年龄哪！"年轻人回答。

"那我给你1000万元，让你马上死掉，可以吗？"

"不可以，那怎么能行呢，那样的话，我还要钱做什么？"年轻人蹦了起来。

听了年轻人的回答，老人笑呵呵地问道："既然你已经有了超过1000万元的财富，为什么还要哀叹自己穷呢？"

老人的话让年轻人呆立当场、无言以对，但他却心想：对呀！我已经这么有钱了，还有什么可叹息的呢？

看看自己的工作和生活，你是不是在拼命的过程中，也在以身体为代价，而换取看似更多的金钱呢？试想，没有了健康，你还能拥有什么。健康不以财富地位的不同而有所变化，不管你有多大的成就，有多少财富，如果你没有遵循健康规律，健康便会离你而去。

年轻的时候用命换钱，等到老了再用钱换命。有的年轻创业者只知道工作，并不注意休息，更别提健康投资了。但在生病期间，发现苦心经营的企业，业务拓展受到很大影响，失去了不少赚钱的商机。“没有好的身体，也失去了日后赚取更多财产的机会。所以注意健康很重要。”恐怕就是这些人发自肺腑的感受。

王强是一个头脑聪明、敢于吃苦的人，在社会上打拼了几年之后，他萌发自己创业的念头，很快就拥有了自己的公司，并且很快就发展壮大起来，身为公司董事长的他成了亿万富翁，资产达到2亿元，而此时他的年龄还未到40岁，正当他家庭事业一帆风顺的时候，却因病住进了医院。

原来，在创业阶段，他曾经没日没夜地工作，这种对自己身体的极度透支，埋下了健康的隐患。经过专家会诊，他必须动大手术，但是手术效果如何？院方也不敢保证。他们所敢保证的是，如果不做手术，他只有半年的时间可活。当这位病人声称愿意用自己所有的财富来换取健康的时候，已经晚了，因为健康是无价的，也是任何东西都无法换取的！

其实，身体的健康程度影响着你的工作质量。长期处于亚健康状态的人，精神状态越来越差，每天都处于疲乏的状态，昏昏沉沉，本来一个小时就能解决的事情，最后拖了三个小时仍不见成果，最后只得投入更多的时间，加班、熬夜，第二天更没有精神。这样的恶性循环不仅仅让你的工作焦头烂额，而且也在透支着你的身体本钱。

身体健康会给你的事业这项大工程添砖加瓦，同时心理健康也是人们不容忽视的一个问题。两种健康就像是一对好兄弟，一损俱损，一荣俱

荣。毛泽东在中学时代就坚持洗冷水澡，跋山涉水更是不在话下，这铸就了他强健的体魄。同时，他更注重读书，以此来陶冶自己的情操，修正自己的品性。这为他在今后漫长的革命岁月中能始终保持高昂的斗志和必胜的信心打下了坚实的基础。

哲学启示：

健康是自然给予我们最公平、最珍贵的礼物，良好的健康状况和随之而来的愉快情绪是保证人生幸福的最好保障。失去了健康，你所拥有的一切不过是水中月、镜中花，终会随风而逝。

坦然面对人生的悲与喜

> 不以物喜，不以己悲。不管命运坎坷不平，我们都应该坦然面对，人生不可能永远幸福，也不可能长久地陷于不幸。
>
> ——叔本华

叔本华告诉我们：既然人生归根结底是一样，何不坦然面对过程中的悲与喜呢？在这个世界上，没有糟糕的环境，只有糟糕的心境。一个人若拥有了糟糕的心境，即使他处于多么顺利的环境中，他也会感到苦闷；一个人若是拥有一份热忱、乐观的心境，那么，不管他处于什么样恶劣的环境，他依然过得快乐、幸福。其实，那些心中充满抱怨的人，他们是自己跟自己较劲，既没有办法接受，又失去了改变的能力，从一定程度上来说，他们是可怜的。即使自己的处境再糟糕又怎么样，抱怨能改变什么呢？既然不能改变环境，何不改变自己的心境呢？

亚伯拉罕·林肯在一次竞选参议员失败后这样说道：“此路艰辛而泥泞，我一只脚滑了一下，另一只脚也因而站不稳；但我缓口气，告诉自己‘这不过是滑一跤，并不是死去而爬不起来’。”其实，阻碍我们前行的并不是糟糕的环境，而是我们内心那份早已发霉的糟糕心境。拥有良好的心态，能够持之以恒地做下去，直到最后取得成功，这样，我们就能够在糟糕的环境中坚定地走下去。

一位将军去沙漠参加军事演习，妻子塞尔玛需要随军驻扎在陆军基地里。由于沙漠干燥高热的气候，令塞尔玛感到很难受，而身边又没有可以倾诉的人，陷于孤独的塞尔玛经常给父亲写信，在信中透露出自己想回家的强烈愿望。然而，当她拆开父亲的回信时，只看到短短的两行字：“两个人从牢中的铁窗望出去，一个看到泥土，一个却看到了星星。”父亲的回信令塞尔玛十分惭愧，她决定要在沙漠里寻找星星。

从此以后，塞尔玛开始与当地人交朋友，彼此之间赠送礼品，闲来无事，她开始研究沙漠里的仙人掌、海螺壳。慢慢地，她迷上了这里，通过亲身经历，她写了一本书《快乐的城堡》。

沙漠并没有改变，当地的印第安人也没有改变，那么，到底是什么使塞尔玛的生活发生了巨大的变化呢？心态，当然是心态，以前有着糟糕心境的塞尔玛看到的只是泥土，当心态发生变化之后，乐观的塞尔玛在沙漠里寻找到了星星。通过塞尔玛的故事告诉我们：在这个世界上，根本没有糟糕的环境，有的只是糟糕的心境。当你感到自己变得苦闷或烦躁的时候，不妨试着回想一下，那苦闷、烦躁的根源是否在于自己拥有了一份糟糕的心境呢？如果答案是肯定的，那么，尝试着改变自己的心态，放弃糟糕的心境，重新以乐观积极的心态面对，再来看待自己的处境，你会惊讶地发现，这个环境似乎并没有想象中那么糟糕。

乔丽是报社的一名记者，最近她接到了一份特殊的采访任务。当她拿到被采访者的资料时，她不禁有些难过，这是一个怎样的女人：丈夫早些年得了重病去世了，欠下了大笔的债务，家里有两个孩子，其中一个是残

疾，女人只是在一家小型的工厂里当一名女工，微薄的薪水养着整个家，还需要还债。她一下午都坐在家里，想着：她家里不知道是什么样子？女人和孩子都蓬头垢面，满脸悲苦，又黑又潮的小屋里没有一点鲜活的色彩，自己去了，也许只会不断地听到哭诉。

那个周末，乔丽满怀深情，按照地址找到那个女人居住的地方。当她站在门口，有些不敢相信自己的眼睛，她甚至怀疑自己找错了地方，于是又向女主人核实了一遍。确认无误之后，她开始重新打量这个家：整个屋子干干净净，有用纸做的漂亮门帘，墙上还贴着孩子上学获得的奖状，灶台上只放着油和盐两种调味品，但却把罐子擦得干干净净，女人脸上的笑容就像她的房间一样明朗。乔丽坐在用报纸铺垫的凳子上，热情的女人为她拿来了拖鞋，乔丽看见那鞋居然是用旧的解放鞋的鞋底做的，再用旧毛线织出带有美丽图案的鞋帮。

当女人也一起坐下来时，乔丽不禁有些好奇她是怎么把这个家打理得这样舒适的，女工一边干着活，一边微笑着说："家里的冰箱、洗衣机都是隔壁邻居淘汰下来送给自己的，其实用得也蛮好的；工厂里的老板同事也都很照顾自己，还会让自己把饭菜带回来给孩子吃；孩子们也很懂事，做完了一天的功课还会帮忙干家务活……

乔丽听着听着，眼睛有些湿润了，叹息道："虽然你所面临的环境是糟糕的，但是，你的心境却是阳光。"这并不是同情，而是一种赞叹，赞叹女人的坚强，更赞叹女人的乐观。

可能在任何人看来，女工所处的环境都是相当糟糕的，但是，拥有积极乐观心态的女工却用自己微薄的薪水创造了一个干净而温馨的家。或许，在我们的生活中，常常会发生许多不如意的事情，不管我们接不接受，它都会如期而至。对我们而言，需要做的是：既然我们不能改变糟糕的环境，那么，我们就改变糟糕的心境。改变那些我们能改变的，接受那些不能改变的状况。

哲学启示：

当你总是怀着乐观的心态去面对生活的时候，你会惊讶地发现，事情并没有想象的那么糟糕，无论多大的困难与挫折，都不足以毁灭我们心中的希望。只要心中有梦，希望就在，而我们会发现世界竟是那么美好，生活中处处充满了阳光。

平淡是人生的常态，从容是心态

不受激情感动的日常生活是冗长乏味的。一旦有了激情，生活中却又充满了苦痛。

——叔本华

叔本华说："不受激情感动的日常生活是冗长乏味的。一旦有了激情，生活中却又充满了苦痛。"毕竟平淡才是人生的常态，从容则是不变的心态，若盲目地追求激情，只会获得一个痛苦的人生。

如果说生活是一幅色彩鲜艳的图画，你会发现图纸上给我们呈现最多的只是白色，是的，对于我们每一个人来说，生活的常态就是平淡，不大悲大喜，保持淡定的从容，我们才能深刻地体会到生活的真切。许多人在生活中，既不够平淡，又不够从容，身边的同事晋升了职位，心中就腾起了怒火；若是自己加薪了、升职了，则欣喜若狂。相反，如果失去了发财的机会，他们就会捶胸顿足。事实上，淡定从容才是一种生活态度，更是一种心灵的至高境界。成功与失败只是生活中的一种际遇，对于我们来说，没有必要为了失败或成功而破坏心中那份幽静的心情，保持一种淡定从容的心态，毕竟，繁华落尽不过是一纸的苍凉，灯红酒绿之后不过是漆

黑的夜晚。所以，怀着一颗淡定从容的心来面对生活的失意与得意，你会发现，生活的平淡是常态，而淡定从容则是不变的心态。

淡定从容是一种平和的心态，即便遭遇生命中的坎坷与不幸，也能以平和、不急不躁、不卑不怒的心态来面对，浅尝生命的酿酒，从而忘却心中的烦恼。淡定从容是一种生活态度，面对生活中的失意与得意，保持平和的心境，不以物喜、不以己悲，从容不迫的心境不会因为失意而大起大落。人的一生，总会面对得与失、升与沉、荣与辱、富贵与贫穷等这些迥然不同的遭遇。虽然，我们只是一个普通人，在这样一些遭遇下，心境有可能会起伏不定，但是，如果我们能够保持一颗平常心，抑制内心情绪的波动，那么，那些遭遇不过是过眼云烟。平静对待成功与失败，微笑面对荣辱，永远保持着胜不骄、败不馁的心态，秉承着淡定从容的生活态度。

佛曰："一花一世界，一草一天堂，一叶一如来，一砂一极乐，一方一净土，一笑一尘缘，一念一清净。"这一切都是源于心境，不去计较生活的平淡，不为失败而生气、沮丧，一花一草便可以是整个世界，那份洒脱，那份豁达，那份心境是常人所不能具有的。人生道路上有鲜花、有掌声，有多少人能等闲视之；人生路上也有坎坷泥泞、有满地荆棘，又有多少人能以平常心视之。我们要学会坦然相对人生中的失意与得意，平复心绪，既来之、则安之，正所谓"荣辱不惊，闲看庭前花开花落；去留无意，漫随天外云卷云舒"。

小晨从小就喜欢唱歌，大学毕业后，父亲却语重心长地告诉他："想唱歌？你到底懂多少呢？先找口饭吃，找个地方住。"小晨只身去了广州，在老乡刚开业的快餐店打工，不要工钱，只提供吃住。在餐厅里，切肉、送餐、收账，小晨什么活都干，需要做什么就做什么，而且，总是面带笑容，若是遭遇苛求的顾客，小晨依然笑容满面。

后来，无意之间看见了一则琴行吉他班招生广告，小晨怀着不安的心情去面试了，没想到，老板相中了小晨的琴技，当即把他留了下来。从此，小晨一边在吉他班上课，一边开始商业演出，那段日子，小晨十分辛

苦，不仅如此，所得到的报酬也是微薄的。不过，小晨笑着对朋友说：“至少我现在能有钱养活自己，不像以前，什么都没有。”

渐渐地，小晨在当地的名气传开了，经过朋友介绍，他开始在酒吧驻唱，不过，这并不是一件快乐的事情。小晨这样回忆说：“在酒吧就是这样，我们都曾碰到形形色色的人，喝酒闹事的、砸酒瓶子的、逼你喝酒的，但这就是酒吧，我们能怎么办？我们不过是打工的，遇到这样的事情，哪怕再委屈，也只有能忍则忍。”辛苦的日子终于过去了，音乐制片人发掘了小晨这颗音乐种子，开始无偿为他策划专辑、宣传，如今，他已经是炙手可热的歌手。回想起以往的经历，小晨只是感叹：“变化的是环境，不变的却是淡定从容的心态。”

当你怀着乐观、积极的心态，秉承着“知己为天所命，非虚生也”的信念，用豁达的心胸来面对人生中的成功与失败，你就会发现人生并没有那么可怕，也没有什么过不去的坎，更没有什么放不下的。

哲学启示：

在人生的旅途中，做好自己，即使失去了也不要过于沮丧、抱怨，即便获得了也不要太过兴奋。人生路上，不要有太多的患得患失，也不要太计较自己的得与失，以一份淡定从容的心态来迎接人生中的每一次挑战，这看似生命的无奈，实则是生命最绚丽的精彩。

第04章　孤独成就自我

叔本华说："人要么庸俗，要么孤独。"如果不想庸俗过一生，那就战胜孤独，在孤独中成就自我。孤独是与生俱来的内在，当你困难的时候，没有人会帮你，必须独自承受；当你获得成就的时候，许多人簇拥着你，但你却要淡化一切。独孤是思考，更是包容。

在独处中静享自由

一个人只有在独处时才能成为自己。谁要是不爱独处，那他就不爱自由，因为一个人只有在独处时才是真正自由的。

——叔本华

叔本华说："对于具有伟大心灵的人来说——他们都是人类的真正导师——不喜欢与他人频繁交往是一件很自然的事情，这和校长、教育家不愿意与吵闹、喊叫的孩子们一起游戏、玩耍是同样的道理。这些人来到这个世上的任务就是引导人类跨越谬误的海洋，从而进入真理的福地。他们把人类从粗野和庸俗的黑暗深渊中拉上来，把他们提升至文明和教化的光明之中。"很多时候，独处是一种精神上的自由，至少在独处这段时间，没有谁会打扰到你，只有一个人静享一段时光。

综观古今中外卓越的伟人，大部分都是孤独者，一个天才的灵魂之所以会回避这个，其最终目的也是洞察社会。一个真正卓越的人，必须有一

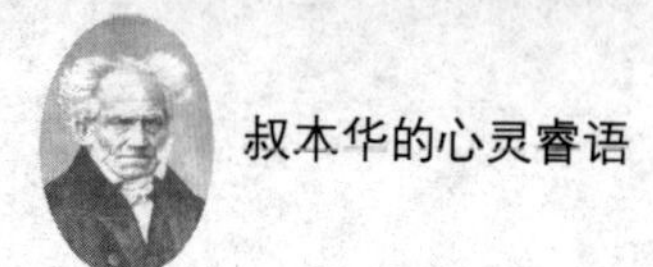

颗孤独、勤劳、谦虚的心，独乐其乐，独忧其忧。没有其他人，他自己的评价就能够成为衡量的尺度，他自己的赞美就能够成为最丰盛的奖赏。

嘉宝，自始至终都是孤独的。

一个英国记者说，她的脸是人类进化的终极，她是除哈姆雷特以外最忧郁的斯堪的纳维亚人。阿道夫·希特勒也是她的影迷，“二战”的时候，嘉宝曾经说：我要杀了他。她是真正的冷美人：迷茫，失落而孤独，她自己评价：我笨拙，害羞，紧张，恐惧，对我的英文过于敏感，这就是为什么我在自己的周围筑起一道高墙，并永远地躲在它的后面。“我将以单身终生”，这是嘉宝在《克里斯蒂娜女皇》里的台词，她很好地实践了它。“你真的没有爱过别人吗？”有人问。“爱过，斯蒂勒。”嘉宝曾四次获奥斯卡提名，却从未得奖，后来奥斯卡委员会为嘉宝特设了一个奖项，以表彰她在电影中闪光的表现，当然她没有去领，她的朋友说，也从来没在她的家里见过那个奖，她是永远的神秘女郎。

在英国有一种为已婚男性开的俱乐部，男性们可以离开家庭到那里去独自过一个周末。这并不是因为他们已经厌烦了家庭，也不是他们想抛弃家庭。他们只是想找一个地方，有几个志趣相投的朋友，一起聊聊天，喝杯酒，甚至是发发牢骚，缓解一下心中的压力。

在心理学家看来，所谓“独处空间”，更多的时候是一个概念。就像网络流行语“我想静静”，表达的是一种心理需求状态。这个空间它不局限于某个具体的位置，不一定是封闭的，它更多强调的是“不被打扰、就像回到单身状态”的特征。

她说：“大部分的独处，意味着一种自由，不需从众，可以自我。”她习惯很多事情都在家里做，用自己的方式在家里录音，或是写写歌词。或者擦地板，这里弄一下，那里整理一下，索性把家里全部整理一遍，最后人也累了。她自称每次写书的过程都很拖拉，出版社一直催稿，总要等到有一天想写了，狠下心来把自己关在某个地方，一口气花两个星期把过去一整年想写的事情都写出来。

她的朋友却认为独处不只是个空间的命题，从某个程度来说，纵使一个人走在人潮拥挤的大街上也是一种独处，这是精神上的。这个朋友很在意一种精神上的自由，他说“真正的自由是思想上的自由”，举了个例子，在电车上看到一个非常令人讨厌的流浪汉，很脏又很丑，这是表象，但你可以透过想象去理解这个人，他过得很苦，生活得很不堪，也可能亲人刚过世……“我可以在面对一个人的时候，脑子里疯狂地编写这个人的故事。”这与事实未必有关，却让想象的摆置得以伸展。

她最后总结说：“如果可以在脑子里建构一些真实，应该就算是思想上的自由吧。”

为什么学者会坚守一种孤独与寂寞的状态呢？因为，只有孤独，他才能清楚地了解自己的思想，如果他居住在僻静的地方，心劳日拙、向往人群、渴望炫耀，那他依然不够孤独，因为他总怀念俗世。如此一来，目不明、耳不聪，也就无法静下心来去思考。如果珍爱灵魂，就应该斩断各种世俗的羁绊，养成独处的生活习惯，这样才能获得蓬勃的发展，就好像林中葱茏的树木，一簇田野绽放的野菊。

可以说，拉斐尔、安吉洛、德莱顿、司汤达都身居于人群之中，然而，在灵感闪烁的那一瞬间，人群便在他们的眼中暗淡消隐了。他们的目光投向那地平线，投向那茫茫的空间。他们将周围的旁观者抛在了脑后，他们应对的，是抽象的问题与真理，他们在孤独地思考。

哲学启示：

高尚的、人道的、慷慨的、正义的思想，不是群居所能赋予的，只能够通过孤独来得到升华。重要的并不在于与世隔绝，而是保持一种精神上的独立。即使身居于闹市之中，诗人们依然可以是隐士。有灵感的地方就会有孤独。

战胜孤独，获得更好的自我

孤独是困苦的；但可不要变得庸俗；因为这样，你就会发现到处都是一片沙漠。

——叔本华

叔本华孤独一生，无妻无子甚至无母，过着孤独，忧郁和愤世嫉俗的生活。人觉得什么最可怕？孤独。孤独的时候能让人窒息，因为孤独的时候，常常是最无助的时候。那种感觉就好像这个世界就剩下了自己一个人，自己被所有人抛弃了，内心的空虚感、寂寞感一起袭来，有时候甚至丧失了生活的勇气。所有孤独被看作是最可怕的敌人，他们害怕自己会孤立无援，害怕只剩下自己一个人，因此心灵也会变得十分脆弱。其实，对于人来说，孤独并不可怕，可怕的是当你面对孤独时放弃了生活的希望。人要学会战胜孤独，当孤独的痛苦笼罩你时，你就应该面对它，看着它，不要产生任何想要逃的想法。因为，如果你选择逃跑了，你就永远不可能了解它，而它总是悄悄地躲在一边，下一次笼罩你。

有位朋友是一个孤独的妇人，她丈夫在几年前去世了，于是她陷入了无法自拔的悲痛中，开始卷入千万孤独大军的队伍中，她被孤独折磨得痛苦不堪，甚至想到了离开这个世界，最后，她想到了卡耐基，希望能从他那里获得一丝帮助。

卡耐基用所有能想到的词来安慰她，告诉她虽然在中年失去自己的爱人是一件非常痛苦的事情，不过随着时间的推移，一切都可以从新开始，她完全可以给自己寻觅新的幸福。但是，她似乎对卡耐基的劝说不领情，她绝望地说：“这一切都不可能了！我还会有什么幸福吗？不，根本没有！我的丈夫离开了我，我也不再有年轻的容貌，如今孩子们也都长大成

人了，我还有什么希望呢？”这位可怜的妇人已经得了严重的自怜症，最后，因为自怜症导致的孤独使这位妇人没有了朋友，没有了兴趣，也没有了希望，甚至和自己的孩子们也都反目成仇。

其实，孤独是一种常见的心理状态。孤独感是人们思想上、行为上的体现。人们常常说的孤独其实包含了两种情况。一种是由于客观条件的制约所引起的孤独，他们由于种种原因不得不长期远离“人群”，而以一个人或者是一群人独立起来。比如，远离城市到边疆哨所为人们站岗的士兵们；长期坚守在高山气象观测站工作的科技工作者；长期为了工作而四处航行的海员。这样的孤独是一种有形的孤独，因为他们没有亲人朋友在身边。而大多数人的孤独是第二种，它是“无形”的孤独。

人的孤独更多地来自于内心深处的寂寞，因为感情，或是因为生存境遇的突然变化，使得他们内心无法承受。孤独的人因为受内心的折磨，精神也受到长时间的压抑，不仅会导致自己的心理失去平衡，还会影响自己的智力和才能的发挥，会引起人的心理上、思想上的开始坍塌，使精神萎靡，并且失去事业的进取心和生活的信心。

与梅兰芳蓄须明志相似，抗战时的阎立品，剪去一头青丝，远避乡舍，发誓不与敌寇汉奸唱戏。时人赠“立身不使白玉玷，品高当与青云齐”，由此，她改原名“桂荣”为“立品”，冠盖满京华。1954年，她破例成为梅先生的弟子，1957年她成了右派，“文革”十年，她被打成混进文艺阵线的黑帮分子，浩劫过后，她重登舞台，二十余年，芳华都空度。还是少女的时候，她即遭受人生重创，立誓终身都不嫁。五十年来，惨淡匠心经营，铮铮铁骨无所畏惧，真真是一曲吊孝催人泪，品高艺也精。

许多有孤独感的人，并不是他们愿意孤身独守，而是他们有的是在人生的路途中遭遇了坎坷，陷入无边的孤独和痛苦中，不可自拔；有的是得不到别人的理解，也不愿意去理解别人，于是选择洁身自好；有的是看不起自己，不相信自己，有一种深深的自卑感。于是，他们在面对孤独的时候，甚至没有抗争，就束手就擒。所以，他们陷入了没有边际的痛苦中，与孤独为伴。而有的人是因为内心世界的封闭使他们无法通过感情交流建立真正的友谊，友谊的缺乏使现代人陷入一种强烈的孤独感。有的人这样描述自己的感受："在这个世界，我感到孤独、嫉妒、愤怒、紧张。"无论是因为人生境遇，还是因为自己的感情失意，人的孤独在无形中已经成了他通往正规工作和生活的阻碍。

哲学启示：

所以，孤独对于人是非常可怕的。面对孤独，要学会战胜孤独，才能在自己的事业上取得成就，才会扬起生活的风帆。

孤独于世，超凡脱俗

他们必须生活在世俗男女当中，却又不曾真正地属于这些俗人。从早年起他们就已经感觉到自己明显与他人有别，但是随着时间的流逝才逐渐清晰地认识到自己的处境。他们与大众本来就有精神上的分离，现在，他们刻意再辅之以身体上的分离；任何人都不可以靠近他们，除非这些人并不属于泛泛的平庸之辈。

——叔本华

一说到"世俗"，就连那些目不识丁的老太太顷刻间也会心领神会。"世俗"到底是什么？举个很简单的例子，如果你想问题、做事情以及处理大大小小的细节方面都按照和别人一样的想法思考问题，那么，你就世俗了。当然，对于世俗，每个人都有自由的权利。任何一个人都可以选择

世俗，也可以选择超凡脱俗。虽然，“世俗”确实是存在的，但是，人们在谈到它的时候，难免会皱眉，这个词儿毕竟是贬义大于褒义。对于社会中的一分子，如何对待世俗，才能获得身心轻松呢？

对于世俗，我们应该了解，应接受。你应该明白，哪些是世俗的，并且接纳它们。当然，你也可以选择与屈原一样，不与世俗同流合污，遗世而独立。但是，我们却不能成为屈原，当别人都骂我们是疯子的时候，你没勇气像屈原一样对他们说“举世皆醉我独醒”的疯话来。

陶渊明曾写了这样一首诗：“少无适俗韵，性本爱丘山。误落尘网中，一去三十年。羁鸟恋旧林，池鱼思故渊。开荒南野际，守拙归园田。方宅十余亩，草屋八九间。榆柳荫后檐，桃李罗堂前。暧暧远人村，依依墟里烟。狗吠深巷中，鸡鸣桑树颠。户庭无尘杂，虚室有余闲。久在樊笼里，复得返自然。”

在封建社会，多少人不过都是为了求得一官半职而苦读十载，但陶渊明竟然不愿意为五斗米折腰而愤怒辞官归隐。他两袖清风，一气之下官场愤然绝迹，如此的高风亮节确实让人拍案叫绝。

官场黑暗，陶渊明愿意与世俗无缘，愤然辞官归隐。当然，做出这种超凡脱俗的举动是不为世人所理解的，代价也是很大的，不过，对于他们的胆识和傲骨还是由衷地佩服。作为现代社会的我们，早已经成了社会中的一分子，夹杂在各种各样的关系中，我们不能脱离了社会而独立存在。或许，我们做不到无缘世俗，但却可以做到“不逢迎世俗”。

在历史上，有许多世俗到了极点的人，正因为他们将“世俗”坚持到底，反而走向了另一个极端，慢慢地，从世俗走向了卑鄙、无耻、市侩。比如，一千多年前的秦桧，他就是一个世俗到极点的人，为了一己之私而不择手段地做出卑鄙之事：假传圣旨宣岳飞收兵回府，将岳飞父子以“莫须有”的罪名杀害于风波亭。因过度世俗，秦桧成了历史上卑鄙无耻之徒的“典范”。

陈道明饰演的方鸿渐有一种茫然的笑容，很瘦，目光里有一种说不清的东西。有人说他的魅力在于眼神，那么锐利而内涵丰富的眼神。即使在低头的时候，也隐隐带着黑夜的气息；抬头的时候，目光明澈，像冰冷的阳光。

有人说，陈道明是活在夹缝中的人。在他那精湛而淳朴的生活艺术中，感性与理性并存，清高与亲切并存，冷漠与多情并存，超脱与世俗并存。听说，陈道明平时就爱干四件事：读书、上网、弹琴、打球。不过，在网上的一个关于他的资料库里，还赫然写着：麻将。看来，对于世俗的东西，他还是接受的。

大多数明星喜欢活在鲜花与掌声中，但他却不一样，低调的华丽显现他超凡脱俗的气质。许多明星就是编也要为自己编一个绯闻的故事，但他却远远躲着绯闻。对于世俗，他从来不逢迎，问到他最喜欢的事情，他只是这样回答："我最喜欢的事就是搬一凳子，往那儿一坐，看天发呆。"

张爱玲曾在《天才梦》中说："……直到现在，我仍然爱看《聊斋志异》与俗气的巴黎时装报告……"似乎，她这个女人确实俗透了，但是，仔细一端倪，发现她的世俗却又是别具一格的。生活中，没有一个人能真正地做到超凡脱俗，我们不过是一介凡夫俗子，又怎会脱离世俗而存在呢？对于世俗，我们要多了解，主动接纳它，但是，对于世俗的人和事，不要曲意奉承，而是努力做好自己。

哲学启示：

我们需要了解世俗、接受世俗，不过，并不逢迎世俗。简单地说，我们可以很好地融入世俗的社会，但是，自己却不要成为一个世俗的人，所谓"出淤泥而不染"，说的就是如此。

你不够优秀，因为你不够孤独

真正伟大的思想者，就像雄鹰一样，把自己的巢穴建筑在孤独的高处。

——叔本华

一位成功者经历了三次重大的危机均化险为夷，屹立不倒，对此，有人问他“令自己转危为安的灵感来自何处”？他说：“林中独步。”孤独的思考，形成一种通盘布局的判断力也是确保你的奋斗能够成功的必备条件。真正优秀的人一定觉得自己是孤独的，他们也清醒地认识到自己的优秀来源于一份孤独。

在这个世界上，没有任何一个人能随随便便成功，因为罗马城不是一天就建成的。一步登天的奇迹，以及一蹴而就的成功，都是经历了上百次的尝试，才铸就了这样短暂的光辉。俗话说：“台上一分钟，台下十年功。”有可能在台上表演的时间只有短短一分钟，但为了台上这一分钟的表演时间，许多人却要为此付出十年的汗水努力，甚至需要煎熬更长时间的孤独。成功不是一蹴而就的，是靠每一天的艰苦付出所累积的，做每一件事就好像建罗马城一样，你要想把它建成、建好，你就必须付出超人的代价和心血。我们应该记住，通往成功的道路从来都不是一条坦途，人生必须度过逆流才能走向更高的层次，最重要的是在这个过程中学会孤独，蓄积待发，最终一举成功。

很久以前，有一个养蚌人，他很想培育出一颗世界上最大最美的珍珠。于是，他去大海的沙滩上挑选沙粒，而且一颗颗地询问它们：“愿不愿意变成珍珠？”那些被问到的沙粒，一颗颗都摇头说：“不愿意”。就这样，养蚌人从早上问到晚上，得到的都是同样的回答：“不愿意。”听

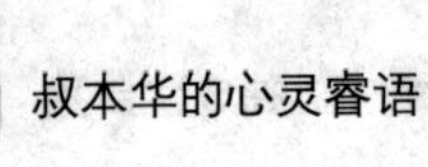

到这样的答案，他快要绝望了。

就在这时，有一颗沙粒答应了，因为它的梦想就是成为一颗珍珠。旁边的沙粒都嘲笑它："你真傻，去蚌壳里住，远离亲人和朋友，见不到阳光雨露，明月清风，甚至还缺少空气，只能与黑暗、潮湿、寒冷、孤寂为伍，多么不值得！"但是，那颗沙粒还是无怨无悔地跟着养蚌人走了。

斗转星移，多年过去了，那颗沙粒已经成为一颗晶莹剔透、价值连城的珍珠，而曾经嘲笑它的那些伙伴们，有的依然是沙滩上平凡的沙粒，有的已经化为了尘埃。

一个人成功的过程无异于一颗沙粒变成珍珠的过程，在这个过程中，你需要经历痛苦与枯燥，而且你必须等待着，忍耐着，孤独着，当你走完黑暗与苦难的隧道之后，你才会发现，原来平凡如同沙粒的你，在不知不觉间已经成了价值连城的珍珠。

有个年轻人刚从学校毕业，来到一家杂志社应聘工作，等他赶到杂志社的时候，那里已经挤满了前来应聘的人。过了一会儿，走过来一个人，他自称是杂志社人事处的工作人员，给所有应聘的人每个人发了一份简历表，大家纷纷掏出笔，趴在走廊的椅子上填表。接着，那个人事处的工作人员领着大家走进了一间办公室，说道："主任正在开会，请大家在这里忍耐地等待他来面试。"大家等待着，一个小时过去了，那个主任还是没有出现，又一个小时过去了，有的人已经开始烦躁不安，几个人在屋子里走来走去，嘴里小声嘟囔着什么，年轻人的心情也开始变得烦躁起来。

眼看快到中午了，有人开始忍不住了，他们收拾东西出门了，而且将门摔得特别响。年轻人也已经不耐烦了，也想跟其他人一样离开，但他转念一想，自己等了那么久，什么也没等到，那就再等等吧。到了12点，人几乎都走光了，只剩下这个年轻人和一个坐在他对面的人，那个人看上去很精干，但与年轻人不同的是，他坐得很舒适。

年轻人忍不住问："你是来应聘什么职位的？"那个人扭过头看了一眼年轻人，漫不经心地回答说："我不是来应聘的。"年轻人惊讶极了：

“那你在这里等了一上午做什么呢？”那个人没有回答年轻人的问题，而是提出了一个问题：“你觉得在报社工作需要具备什么样的条件呢？”年轻人想了想，回答说：“细心，当然，还有一点也很重要，就是耐心。”听了年轻人的话，那个人脸上露出了笑容，说道：“恭喜你，你被录取了。”年轻人这才明白，原来这个精干的人就是主任，也就是这次面试的主考官。

从这个案例可以看出，那位年轻人并非是甘于现状的人，他忍受着等待的枯燥、痛苦、孤独，但他更明白，自己这样的等待不能一无所获，而是需要有所获得，哪怕是见上面试官一面也好。然而，正是这种不甘于现状的心态让他最后赢得了那份工作。

一个人若是不付出，不努力，就梦想着成功，那根本就是做白日梦，时间不会给予你任何东西，只会给你的人生留下一段空白。生活就是这样，你需要付出，才能有所收获，而这样的付出是不间断的，一旦你放弃了，你即将获得的成功也会随之不见。

哲学启示：

在更多的时候，你的孤独与收获是成正比的，你孤独的时间越长、所付出的艰辛越多，你收获的东西也将越多。相反，如果你根本无法学会孤独，只想坐等成功，那是根本不可能的，你终究等来的是一场空。

忍受寂寞，饮尽孤独

一个人，要么孤独，要么庸俗。

——叔本华

常言道：“小不忍则乱大谋。”在成功之前，我们往往需要忍耐长时间的寂寞和孤独。生活中的每一个人，不管是谁，在人生中难免会深陷逆境，却一时又无力扭转面临的逆境，那最好的选择就是暂时忍耐，因为事情总是在不断变化中，一旦有利的时机到了，那成功就指日可待了。所谓“忍一时风平浪静，退一步海阔天空”，学会在忍耐中等待命运转折的时机。凡成大事者，必能忍得一时之辱，容得一时之孤独。忍耐是一种品质，一种精神，更是一种成熟，一种理智，因为忍耐，在磨难挫折面前坦言豁达而不灰心丧气，它似乎可以给人生一种奋进的力量，在布满荆棘的道路上，在变化莫测的航行中，忍耐给予的生命光芒在信念中闪烁。

当然，等待并不是坐在那里默默地忍受一切，而是从心理上接纳所面临的事情。当生活中的挫折与困难迎面而来的时候，暂且不下判断，不论遇到多么大的事情，最好暂时忍耐一下，也许到了下一刻钟事情就会有所转机，有了解决问题的办法。

王明是一位留美的计算机博士，毕业之后，他打算在美国找工作。拿着自己的各种证书，以及一些在学校所获得的奖章，四处奔波找工作。可是，两三个月过去了，他还是没有找到合适的工作，因为几乎他所选择的公司都没有录用他，而那些愿意录用他的公司却又是自己瞧不上的。他没有想到，自己堂堂一个博士生，居然沦落到高不成低不就的尴尬处境。思前想后，他决定收起自己所有的证书与奖章，以一种最低的身份前去求职。

没过多久，他就被一家公司录用为程序输入员，这份工作相当简单，对一个博士生来说简直就是大材小用。但王明并没有抱怨什么，即使是最简单的工作，他依然干得一丝不苟。这样干了一个多月，上司发现他能迅速看出复杂程序中的错误，这可是非一般的程序输入员相比的，这时候，王明向上司亮出了学士证，上司知道了他的能力，马上给他换了一个与大学毕业生相对应的专业。又过了一个月，上司发现他经常能够提出一些独到的有价值的见解，远远比一般大学生要高明。这个时候，王明又亮出了硕士证，上司又立即提升了他的职位。再过一个月，上司觉得他还是跟别

人不一样，就开始有意识地质询他，这时候，王明才拿出了自己的博士证，上司对他的能力有了全面的认识，毫不犹豫地重用了他。

当王明陷入了找工作的困境，他放弃了自己的所有证书，以一个最普通的人去应聘，并获得了一份工作。我们可以想象，一个有着博士学历的人，委身于一个普通的职员，那该是多么的孤独。但王明忍耐了下来，他在等待机会，终于，老板发现了他深藏不露的能力，渐渐地重用他，最终他获得了自己应有的位置和价值。

韩信是淮阴人，还未成名的时候，他只是一个平民百姓，贫穷，没有好品行，不能够被推选去做官，不可以做买卖维持生活，经常寄居在别人家里吃闲饭，因此受到人们的嫌弃。他曾多次前往下乡南昌亭亭长处吃闲饭，并在那里连续吃了好几个月，亭长的妻子很嫌弃他，就提前做好了早饭，端到内室的床上去吃。开饭的时候，韩信去了，却不给他准备饭菜，韩信也明白他们的用意，一气之下，告辞而去，不再回来。

有一次，韩信在城下钓鱼，有几个老大娘在漂洗涤丝绵，其中一位大娘看见韩信饿了，就拿出饭给韩信吃。几十天都这样，给韩信送来饭菜，直到这位大娘将所有的涤丝绵都漂洗完了。韩信感到很高兴，对那位大娘说："我一定重重地报答您老人家。"大娘生气地说："大丈夫不能养活自己，我是可怜你这位公子才给你饭吃，难道是希望你报答吗？"

还有一次，淮阴屠户中有个年轻人侮辱韩信说："你虽然长得高大，喜欢带刀佩剑，其实不过是个胆小鬼罢了。"又当众侮辱他说："你要不怕死，就拿剑刺我；如果怕死，就从我胯下爬过去。"于是，韩信自信地打量了他一番，低下身去，趴在地上，从他的胯下爬了过去。满街的人看见了，都嘲笑韩信，认为他胆小。

后来，韩信先是跟随项羽，后又追随刘邦，成为刘邦麾下的杰出大将，即时再回忆之前的胯下之辱，那不过是忍辱负重，这样才有了后来功成名就的韩信。

或许，别人都耻笑韩信懦弱，但韩信本人却不以为耻。实际上，当时，韩信绝不是不敢刺他，而是因为韩信胸怀大志，不愿与小人多生是非，如果一剑将那个屠夫刺死了，自己难以逃脱。因此，他甘受胯下之辱，他知道“小不忍则乱大谋”的道理，暂时忍受寂寞、饮尽孤独，等待一个可以施展自己一身才华的机会来临。

**哲学启示：**

孤独是一种崇高的人生境界，古人曾作的“百忍歌”中有这样的句子：“忍得淡泊养精神，忍得勤劳可余积，忍得语言免事非，忍得争斗消仇冤”。孤独不是软弱，反而是一种包容；孤独也并不是妥协，而是一种胜利。在生活中，学会审视一下自己，根本没有理由对周围的一切都那么苛刻，要学会忍耐孤独，这样会让生活变得更加轻松。

一定是那些孤独时刻成就了自己

天才乐于孤独寂寞，一个人热衷于社交的程度恰正相当于他在理智上贫乏和庸俗的程度。

——叔本华

查尔斯·詹姆士·福克斯是一个对那些面对艰难的孤独时刻从不灰心丧气的人，总是寄予厚望，他说：“年轻人首次登台亮相就博得满堂喝彩当然不错，不过我更欣赏在失败后还能一再尝试的年轻人，这才是生活的强者，他们往往比首战告捷的人发展得更好。”在追寻梦想的路程中，挫折与孤独最能考验人的意志，也最容易让一些人胆怯，恐慌、生气和抑郁。但是，只要我们坚持心中的梦，忍受孤独时刻，最终会等来梦想照进

现实的一天。

1967年夏天，美国跳水运动员乔妮·埃里克森在一次跳水事故中身负重伤，导致全身瘫痪。乔妮怎么也摆脱不了那场噩梦，不论家人和亲友如何安慰她，她总是认为命运对她实在不公。

她曾经绝望过，但最终她开始冷静思索人生的意义和生命的价值。她借来许多介绍前人如何成才的书籍，一本一本认真地读了起来。

她虽然双目健全，但读书也很艰难，只能靠嘴衔小竹片去翻书，劳累、伤痛常常迫使她停下来。休息片刻后，她又坚持读下去。通过大量的阅读，她领悟到残疾人也可以成才。于是，她想到了自己中学时代曾喜欢画画，为什么不能在画画上有所成就呢？于是，乔妮拾起了中学时代曾经用过的画笔，用嘴衔着，练习开了。

这是一个十分艰辛的过程。用嘴画画，很多人连听都未曾听说过。许多年过去了，她的辛勤劳动没有白费，她的一幅风景油画在一次画展上展出后，得到了美术界的好评。

后来，乔妮又想到要学文学。经过艰辛的努力，乔妮再次成功了。1976年，她的自传《乔妮》出版了，轰动了文坛，她收到了数以万计的热情洋溢的信。两年又过去了，她的《再前进一步》一书出版，后来还被搬上了银幕，影片的主角就由乔妮自己扮演，她成了千千万万个青年自强不息、奋进不止的榜样。

生命中，往往是那些艰难的孤独时刻成就了我们。生命中没有逆境，也就无法使才能与智慧获得增长。如果你想采摘玫瑰，就不要怕刺扎破手指。人的一生中不可能只有成功的喜悦而没有遭受挫折的痛苦，一个人如果能在失望中与绝望中看到希望，抓住新生，他就已经获得了一半的成功。

人生中没有直路，当乔妮踏上人生征途之后，就做好了迎接挫折挑战的准备，面对挫折坚强不屈，绝不退缩，把挫折当成奋斗的阶梯，当成磨炼生命的礼物，用自信、乐观和毅力面对挫折，用坚强、镇定和勇敢战胜挫折，这样她才能一步步地实现自己的梦想。

小时候，妈妈总是这样说："你能做到，玫琳凯，你一定能做到。"玫琳凯女士不仅将这句话作为自己的座右铭，而且将这句话作为公司的理念来激励更多未来的女性。玫琳凯坦言，自己想创建公司是在遇到了一些挫折之后才萌生的想法。

玫琳凯女士曾在直销行业工作了25年，当时，她已经做到了全国培训督导。但是，眼看着自己的一位男下属都得到了提拔，而且薪水将是自己的两倍。玫琳凯女士毅然决定辞职，实现自己的一个理想，她说："我建立公司时的设想是想让所有女性都能够获得她们所期望的成功，这扇门为那些愿意付出并有勇气实现梦想的女性带来了无限的机会。"

然而，在创业之初，她经历了多次失败，也走了不少弯路，但是，她从来不灰心、不泄气，反而这样诙谐地解释："挫折是化了妆的祝福。"最后，她创建了玫琳凯公司，玫琳凯女士这样说道："从空气动力学的角度看，大黄蜂是无论如何也不会飞的，因为它身体沉重，而翅膀又太脆弱，但是人们忘记告诉大黄蜂这些。女性就是如此——只要给她们以机会、鼓励和荣誉，她们就能展翅高飞。"

从玫琳凯的身上，我们可以看到是孤独时刻造成就了她。年轻人若想成为像玫琳凯女士这样优秀的人，就需要经得起挫折的历练，经得起艰难的磨砺，因为成功需要风风雨雨的洗礼。一个有追求、有抱负的年轻人，他总是将艰难与独孤当作动力。敢于乘风破浪，让困难成为自己的垫脚石。艰难时刻对于自立的年轻人来说是一块成功的跳板，对坚强的年轻人来说则是一笔宝贵的财富。

哲学启示：

生活中的艰难和孤独是必然的，所以，当我们遇到它时没有必要怨天尤人。面对艰难的孤独时刻，不要畏惧，迎难而上，直面困难，将生活中的每一个艰难都当作上天对我们的考验。只要我们心中怀着必胜的信念，对自己说："我能行！"那么，那些艰难的孤独时刻最后往往会成就我们。

第2部分

人生像钟摆

叔本华曾提出著名的“钟摆理论”，在他看来，人在各种欲望不得满足时处于痛苦的一端；得到满足时便处于无聊的一端，人的一生就好像钟摆一样在这两端之间摆动。生活中许多人追名逐利，追求享受，如果无法达到目的，就会失望；如果梦想成真，又会无聊至极。

第05章　因为是你，所以痛苦

叔本华认为，世间所有的痛苦都源于人格本身，因为是你，所以才会那么痛苦。谁经常笑，谁就是幸福的；谁经常哭，谁就是不幸的。虽然世界相同，但人们所感受的痛苦却是不同的，其中的个别差异，源于人格。

因无聊而空虚，因空虚而痛苦

精神迟钝的后果就是内在的空虚，这种空虚烙在了无数人的脸上，并且，人们对于外在世界发生的各种事情——甚至微不足道的事情——所表现出的一刻不停、强烈的关注，也暴露他们的这种内在的空虚。

——叔本华

叔本华认为，人内在空虚就是无聊的真正恩怨，内心空虚之人无时无刻不在寻求外在刺激，试图借助某事某物使他们的精神和情绪活动起来。塞涅卡说："人类最大的敌人就是胸中之敌。"在现代人的字典里，"无聊"这个字所蕴含的分量似乎越来越重，许多上班族都有这样的经历："我有工作，但是，一天什么事情都不想干，总是提不起精神，面对着电脑，也不知道自己要做些什么，真不知道以后的日子该如何走下去，心里空虚得要命。"空虚，是一种消极的状态，不能明确自己的目标，不知道

今后的路该怎么走，更重要的是，在这样的心理状态下，很容易使人痛苦。他们常常因为自己的胡思乱想，而把怨气发泄到其他人身上，而且，还自认为生气是很有道理的。可是，痛苦之后，他们浑然忘记了自己到底为什么痛苦，难道就是为了摆脱心里的空虚吗？所以，如果你是一个空虚的人，需要时刻警惕，不要让自己掉入痛苦的陷阱。

在生活中，人们往往拥有不同的心态，有的人乐观，有的人却悲观，乐观的人情绪平和安静，而悲观的人很容易受情绪的波动。其实，空虚本身就是一种悲观的心态，空虚的人很容易陷入自我休眠中，因为找不到前方的路而迷失了自我。心中没有前进的方向，没有心灵的归宿，因而，他们总是花很多的时间和精力来想一件事情，哪怕只是一件微不足道的事情，他们想着想着，也能弥漫出痛苦的情绪来。心的无力感让他们感觉到诸多不安的情绪，在很多时候，他们自己也很想从空虚感中摆脱出来，可是，越是空虚，越容易痛苦，越是痛苦，越感到前途渺茫。在这样的情绪循环中，情绪越来越汹涌，并渐渐主宰了他们。

小杨和男朋友相恋一年多了，可是，这段感情一直遭到父母的反对，在这个气氛尴尬的夜晚，父亲在电话的那头生气地说道："你要是再这样下去，就永远不要回这个家了。"电话放下后，小杨的心都凉了大半截，未来该怎么办呢？和男朋友分手，接受那个家人介绍的对象？坚持自己的选择，和男朋友远离家人？路有千条万条，可小杨就是不知道自己该选择哪一条。

白天，男朋友上班了，小杨一个人待在家里，总想找点事情做，可是，内心的那种无力感和空虚感袭来了，她觉得浑身都没劲，就想一直沉睡，至少睡着了谁也打扰不了。偶尔，思绪万千的时候，她也会想起与男朋友在一起时诸多的不合适，以及父母的担忧，越想越焦虑，有时候，想着想着，她就暗暗下决心："今天晚上和男朋友说分手的事情，一定不能心软。"于是，等到男朋友回家的时候，小杨心中的怒气就上来了，尤其是看到某些自己不能认同的行为，小杨更是怒火中烧，大声斥责："我们结束吧，我不想继续了。"而且，这样的情景不是一次两次，而是多次，每次小杨独自一个人在家里，由于内心的空虚与混乱，总会胡思乱想，男朋友也感到疲惫了，偶尔，他也会劝小杨："没事就出去透透气，不然，在家里迟早会闷出病来。"小杨心里相当清楚，自己真的是由空虚而生气的，可是，有时候总是克制不住自己，也不知道自己到底该怎么办？

小杨内心的空虚，总是让"痛苦"钻了空子，结果毁了生活。在人生的旅途中，失败得失，恩恩怨怨，乃至空虚寂寞，始终伴随着我们。如果我们总是把这些伤心的话、烦恼的事情、无聊的事情记在心中，永远留在心里，无异于背上了沉重的包袱，套上了无形的枷锁，同时，也让郁积在心中的不良情绪有了可乘之机。

从心理学角度说，空虚是一种消极情绪。那些空虚的人，无一例外都是对理想和前途失去信心，对生命的意义没有正确认识的人。他们对现实消极失望，以冷漠的态度来对待生活，遇人遇事就摇头。有时候，为了摆脱空虚，他们会沉浸到另外一种空虚的生活中，漫无目的地游荡、闲逛，消磨大好时光，因此，空虚所带给我们的，是百害而无一利。那么，面对空虚，我们该如何调整自己呢？

俗话说："治病要治本。"空虚的产生主要源于对理想、信仰以及追求的迷失。知晓了空虚产生的根源，那么就要对症下药。树立远大的理想、拟定明确的人生目标，这就可以成为消除空虚的最有力武器。当然，这并不是说你树立了目标，空虚就被驱赶走了，而是当我们坚定地朝着自己的目标前进的时候，空虚就会慢慢地远离我们。

有时候，即使是两个人生活在同一个环境中，但由于心理素质不同，其结果也会不同。有的人遭遇了一点点挫折就偃旗息鼓，他们很容易陷入空虚中；有的人面对困难却丝毫不畏缩。所以，提高自我心理素质，也能够将空虚及时地消灭，不给它进一步侵蚀心灵的机会。

哲学启示：

生活本身是美好的，主要是看我们以怎样的态度去面对它。对生活缺

乏热情的人，他们心中只有空虚，以及百无聊赖的寂寞，而那些对生活充满热情的人，哪怕是蓝天白云，高山大海，他们依然积极地去感受大自然的美丽。当那份热情填补了生活的空白，你哪还有精力和时间去空虚呢？

外在压力大，内心很痛苦

一条弹簧如久受外物的压迫，会失去弹性，我们的精神也是一样，如常受别人的思想的压力，也会失去其弹性。

——叔本华

叔本华说："一条弹簧如久受外物的压迫，会失去弹性，我们的精神也是一样，如常受别人的思想的压力，也会失去其弹性。"当外在压力袭来，内心则会感觉莫名的痛苦。压力越大，感觉越痛苦，尤其是每天带着黑眼圈挤地铁，稍微遇到一点不如意的事情，就会感到很沮丧。

在日常生活中，我们常常发现这样一些时常感到痛苦的人：有为生计奔波的小贩，在高企工作的白领精英，女老板，等等。可能，从表面上看，他们似乎并没有共同点，但是，如果我们仔细观察，就会发现，在他们身上有一个显著的特点：压力比较大。无论是生存压力，还是工作压力，对一个人的情绪都是有着重要影响的，一旦压力袭来，情绪就会恶劣，容易生气、烦躁，似乎看什么事情都不顺眼，内心的情绪积压过久，总想痛快地发泄一番。因此，那些给自己压力越多的人，他们心中的"痛苦"往往越多。

据一项社会调查发现，那些生活、工作条件良好、受过较高程度教育的城市人，他们对生活的满意度远远不如农村人，来自生活和工作的压力让他们的生活质量大打折扣。近些年来，城市人常常感到紧张、焦虑、容易愤怒，甚至在悲观时有自杀摆脱压力的念头。通过这项调查显示，同农村人相比，城市人工作的体力强度、时间都少于农村人，而且，更注重健康的生活方式，但是，城市人的精神状况却显著差于农村人。同时，在调查中，个人工作稳定、收入有保障列为城市人平日最关心的问题，对工作的极度关注使得许多城市人明显觉得工作压力影响了个人健康。另外，城市的快速发展和工作的快节奏让许多城市人觉得自己似乎有些力不从心，60%左右的城市人对自己的工作状况并不满意，而且，来自家庭以及婚姻的压力也会让他们感到焦头烂额。

最近，小月代表公司接待了一个大客户，第一次见面会谈，小月就感觉这个客户太挑剔，不仅要求策划案完全按照他们的思路进行，而且，严格要求了每一个细节。回到公司，小月忍不住向老板抱怨："这个客户太挑剔了，一个企划案竟有那么多的要求。"老板收起了满面笑容，板着脸说："小月，你总是嫌这个客户不行，那个客户不行，这怎么能谈成业务？这一次，你务必要拿下这个大客户，否则，你就直接到销售部报到吧。"说完，老板就头也不回地走了，剩下满脸苦恼的小月。

按照客户的要求，小月拟写了企划案，而且，亲自检查了三遍，然后再交给客户，谁料，在会谈中，客户表示："这里还有几个小问题，你需要改改，为了美观，你最好重新写一份。"小月呆住了，重新写一份，之前自己可是花了一个星期，客户似乎看出了小月的心思："不好意思，不过，我们可以宽限时间，再等你一个星期。"告别了客户，小月几乎是一路发飙回来的。遇到一个出租车司机，因为司机没有听清楚小月报的地址，小月十分生气："你的耳朵干什么用的？老娘今天真是倒霉，遇到你这样一个傻傻的司机。"司机没有吱声，似乎对这样的乘客已经习惯了。就连进入公司大楼前，那个保安多看了小月一眼，小月也毫不客气地说："看什么看，不认识啊？"小月感到心中有个东西在不断膨胀，眼看就快爆炸了。

每天，我们都面临着诸多压力，有可能是事业不顺而造成的工作压力，有可能是感情不顺而造成的感情压力，还有可能是家庭不和谐而造成的家庭压力，对此，心理学家把这些压力都统称为“社会压力”。社会压力对于一个人来说，将直接转换成心理压力、思想负担，久而久之，就会成为心结。如果这种压力长久以来得不到有效释放，就会越积越多，并产生巨大的能量，最终，它就像一座火山一样爆发，导致的结果是，人们的情绪大变，总感觉自己活得太累，每天很痛苦，脾气越来越坏，更有甚者精神崩溃，做出傻事。面对巨大的社会压力和心理压力，最重要的是自我调节、自我释放，当然，有合理而适度的压力，不但不是一件坏事，反而是一件好事。

对于我们来说，应该像高压锅一样，当压力不够时就聚集压力，让压力变成“煮饭”的动力；当压力过高时，就自动释放压力，这样压力就不会对我们造成伤害。那么，如何缓解社会压力和心理压力呢？

在平日生活中，我们需要养成按时入睡和起床的良好习惯，稳定的睡眠，可以避免引起大脑皮层细胞的过度疲劳；注意调节卧室里的温度，睡眠环境的温度要适中；在卧室内可以使用一些温和的色彩搭配，这样，我们在一个良好的环境中自然能够放松心情，顺利进入睡眠，并保证良好的睡眠质量。

我们需要缓解自身的压力，比如，在睡前可以进行适量的运动，如听听音乐，或者是做头部按摩运动来缓解压力；也可以进行短距离的散步，从而使身心都放松下来，舒缓了白天的社会压力。

哲学启示：

心理学家建议：适当的压力有助于我们激发更强的斗志，但是，正如任何事情都有一定的度，压力过大就会影响正常的情绪。因此，在日常生活中，我们要给自己适当的压力，只要不是太糟糕的事情，我们应该学会忘记，这样一来，那些琐碎的小事就影响不到我们了。

人生所有的痛苦都来自欲求不满

欲望不满足就痛苦，满足就无聊，人生如同钟摆在痛苦与无聊之间摆动。

——叔本华

叔本华说："欲望不满足就痛苦，满足就无聊，人生如同钟摆在痛苦与无聊之间摆动。"圣人之所以为圣人，并不在乎其才能，而在于其放空的本心，无嗔无念，无欲无求，所以为圣人。人生就是一次奇怪的旅程，有的人跌跌撞撞，在人生中迷失了自己的方向；有的人怡然自乐，微笑面对生活，他把握了人生的幸福。也许，有人会感到疑惑，怎么会出现这样迥然不同的局面。因为，在人生的旅途中，除了美丽的风景，还有很多诱惑，而每个人内心都有一个魔鬼，那就是欲望。当那些诱惑出现在人们面前，就会激发起人们内心的欲望，为了满足内心的欲望，他们奋不顾身、倾尽一生，极力追求着，所以，他们会在人生的路上跌跌撞撞，找不到失去的自我，痛苦地煎熬着。

佛下山布道讲经，在一家店铺里看到一尊珍贵的释迦牟尼像。店铺老板要价五千两纹银。佛非常喜欢那尊佛像，欲讨价还价。店老板见佛如此钟爱，便更加咬住价格不放。

佛回到寺院对众僧谈起此事，众僧问佛打算多少钱买它，佛说："天理犹存，当有办法，万丈红尘，芸芸众生，欲壑难填，则得不偿失啊！"

"怎么普度呢？"弟子问。"让他忏悔。"佛笑曰。

第一天，一名弟子被安排到那店铺和老板砍价，讲到四千五百两，未果。

第二天，第二名弟子讲到四千两，未果。

……

如此，到第九天时，买主所给的价钱已经低到二百两。眼看着买主一个比一个给的价格低，老板开始怨责自己太贪心。

第十天，佛亲自下山，以五百两纹银与老板交易。老板非常高兴，又赠送佛龛台一具。佛谢绝了佛龛，单掌作揖笑着说："欲望无边，凡事有度，一切适可而止吧！"

现代社会，每个人都有这样或那样的欲望，有的人喜欢权力，有的人喜欢金钱，有的人喜欢幸福，有的人渴望快乐。在他们的生活中，缺少什么他们就渴望什么，而且这样的欲望是惊人的。因为欲望本身的特点就是难以满足，喜欢权力的人当上了一个小科长，这或许算是美事一桩，但他觉得自己晋升的空间还有很多，当了科长想当经理，当了经理想当总裁，就这样不断地循环下去，欲望越滚越大，扭曲了内心，他成了欲望的奴隶。所以，如果你想赢得人生，就应该学会放下各种欲望，这样你才会轻松地面对人生，获得属于自己的幸福。

谁也不知道欲望是怎么来的，它似乎是人类与生俱来的。即便是一个刚刚诞生的小生命，随着时间的发展，欲望也会在他身上不断地演变和繁殖。有物质上的衣食住行，有精神上的尊重、认可、快乐、自信、幸福、自由，这些不同的欲望在不同的时间不同的地点不同的人身上尽情表演着，构成了色彩纷呈的世界，点缀了千姿百态的人生。人类是欲望的产物，而生命则是欲望的延续，人不可能没有欲望。

古时候，有一个聪明的年轻人，很想在所有方面都比他身边的人强，他特别想成为一个大学问家。

几年过去了，这个年轻人的很多方面都超出了身边的人，唯独学业没有长进，远不如人。为此，他很苦恼，就去向一个大师求教。大师说："我们登山吧，到山顶你就知道该如何做了。"

在通往山顶的路上有很多可爱的小石头，人见人爱。年轻人每见到自己喜欢的石头，大师就让他装进袋子里。很快，石头装满了所有的袋子，年轻人受不了，他说："背着这些石头上山，别说到山顶了，恐怕连半山腰也到不了。”

大师微微一笑，说：“是呀，那该怎么办呢？”年轻人疑惑地看着大师，这时大师说：“该撒手就撒手吧，背着这么多石头怎么能登山呢？”年轻人一听，忽觉心中一亮，扔掉了所有石头，向大师道谢之后就走了。之后，他一心做学问，进步飞快。

假如所负重的东西已经超出了承受范围，那不妨撒手吧，这样还可以给自己一个重新开始的机会。不管是欲望还是其他的东西，我们都要学会舍弃一些应该舍弃的东西，该撒手时就撒手，这样我们的人生才有另一种可能。

哲学启示：

很多时候，我们抱怨生活太痛苦了，其实这就是内心的欲望无形之中为自己戴上了枷锁，禁锢了自己的自由与生命。那么，当你感到沉重的时候，不妨放下内心的欲望，把心放空，跨越生命，赢得自己的人生。

人之所以痛苦，在于追求错误的东西

一般人将其一生幸福寄托于外界事物上，或是财产、地位、爱妻和子女，或是朋友、社会等，一旦失去了他们，或者他们令他失望，他的幸福根基就毁坏了。换句话说，他的重心随着每个欲念和幻想而改变位置，却不把重心放在自己身上。

——叔本华

叔本华认为，一般人将其一生幸福寄托于外界事物上，或是财产、地位、爱妻和子女，或是朋友、社会等，一旦失去了他们，或者他们令他失

望，他的幸福根基就毁坏了。换句话说，他的重心随着每个欲念和幻想而改变位置，却不把重心放在自己身上。这些人宁愿去追求错误的东西，却从来不把重心放在自己身上。

生活中，有的人之所以活得痛苦，那是因为他追求了错误的东西，错把别人的生活当作自己的幸福，错把金钱、权利当作自己的幸福。在他们的眼里，有了房子才有安全感，于是就为了别人所定义的“安全感”背上了十年二十年的债务，节衣缩食心不甘、不情愿地当起了房奴；在他们眼里，在高级餐厅里约会才是最浪漫的，于是就将这当成一种美好生活的向往，宁愿吃方便面也要勒紧裤带去潇洒一次；在他们眼里，没去过健身房就不够时尚前卫，于是我们就赶紧去健身房报名，学那些自己并不感兴趣的课程，只是为了达到别人所定义的“幸福生活”。但那些生活真的属于自己吗？为什么即便我们达到了这样的生活标准还是不快乐呢？究其原因，在于我们与自己较真，总是一味地追求那些并不属于自己的错误的东西，就好像我们穿着不合尺寸的衣服，不是嫌太大，就是嫌太难看。

从前，有个百万富翁，每天让他劳神费心的事情跟他拥有的财富一样多。所以，他每天都愁眉紧锁，难得有个笑脸。

百万富翁的隔壁，住着磨豆腐的小两口。曾有谚语说，人生三大苦，打铁撑船磨豆腐。但磨豆腐的这小两口却乐在其中，一天到晚歌声笑声逗乐声不断地传到百万富翁的耳里。百万富翁的夫人问老公：“我们有这么多钱，怎么还不如隔壁家磨豆腐的小两口快乐呢？”百万富翁说：“这有什么，我让他们明天就笑不出来。”

到了晚上，百万富翁隔着墙扔了一锭金元宝过去。第二天，磨豆腐的小两口果然鸦雀无声。原来这小两口正在合计呢！他们捡到了“天下掉下来的”金元宝后，觉得自己发财了，磨豆腐这种又苦又累的活儿以后是不能再做了。可是，做生意吧，赔了怎么办？不做生意吧，总有坐吃山空的一天。丈夫心里还想，生意要是做大了，是该讨房小的呢还是该休了现在这个黄脸婆？妻子则在琢磨，早知道能发财，当初就不该嫁给这臭磨豆腐

的。寻思呀琢磨呀，之前快乐得很的小两口现在谁也没有心思说笑了，烦恼已经开始占据他们的心。更令小两口痛苦的是，为什么天上不能多掉几个金元宝呢？这样就能想买什么就买什么了啊？

人之所以痛苦，在于追求错误的东西；人之所以烦恼，在于对生活舍本逐末。诸如财富、地位、名利，这些让许多人欲罢不能的东西，实际上只是生活的装饰、生活的虚像而已，并不是生活本身。遗憾的是，许多人把生活的重点放错了，忘记了此生的目的，把心思都放在了追求错误的东西上，那么痛苦自然是无法避免的。

一只来自城里的老鼠和一只来自乡下的老鼠是好朋友，有一天，乡下老鼠写信给城里的老鼠说："希望您能在丰收的季节到我的家里做客。"城里的老鼠接到信之后，高兴极了，便在约定的日子动身前往乡下。到了那里之后，乡下老鼠很热情，拿出了很多大麦和小麦，请城里的好朋友享用。看到这些平常的东西，城里的老鼠不以为然："你这样的生活太乏味了！还是到我家里去玩吧，我会拿很多美味佳肴好好招待你的。"接到这样的邀请，乡下老鼠动心了，就跟着城里老鼠进城去了。

到了城里，乡下老鼠大开了眼界，城里有好多豪华、干净、冬暖夏凉的房子，看到这样的生活，它非常羡慕，想到自己在乡下从早到晚，都在农田上奔跑，看到的除了泥土还是泥土，冬天还会那么寒冷地在雪地上收集粮食，夏天更是热得难受，这样的生活跟城里老鼠比起来，自己真是太不幸了。

可是，到了家里，它们就爬到餐桌上享用各种美味可口的食物。突然，"咣"的一声，门开了。两只老鼠吓了一跳，飞也似的躲进墙角的洞里，连大气也不敢出。乡下老鼠看到这样的势头，想了一会儿，对城里老鼠说："老兄，你每天活得这样辛苦简直太可怜了，我想还是乡下平静的生活比较好。"说罢，乡下老鼠就离开城市回乡下去了。

我们的生活是自己过，而不是给人看，别人生活的标准并不真的适合自己。因为生活的幸福和快乐是属于自己内心的一种感觉，如果只是迎合

别人的取向，这样难免会苦了自己。那些苦苦追求不属于自己生活的人，他们与自己的心灵对峙着，换言之，他们总是与自己较真，越是不属于自己的，越是需要去尝试，在羡慕嫉妒的过程中，他们浑然忘记了自己原本美好的生活，而是将别人的生活当成是自己生活的标准。

我们总是向往着这样的生活：优秀的老公、可爱的孩子、宽大的房子、豪华的轿车、稳定的工作。在我们看来，似乎这样的生活才是最幸福快乐的，但这样的生活适合自己吗？较真，有时候就是自己的外在与内心互相对峙，明明这是心里不喜欢的，但却为了迎合别人的眼光，而刻意将自己的生活变得乱七八糟。所以，放下对别人生命羡慕嫉妒的眼光，放下内心的固执与较真，学会享受生活所带来的快乐与宁静。

哲学启示：

叔本华认为，人类获得幸福和交上好运的情境，一般来说，都可以比作一排树木：当远看时，它们显得美丽诱人；但当你走近并进入树丛之中，它们的美丽诱人旋即消散，你再不可能发现它了。这就是我们常常会羡慕他人的缘故。

一切的不如意都微不足道

如果你失去一个世界，不要为此悲伤，因为这是微不足道的；如果得到一个世界，不要为此高兴，因为这是微不足道的；苦乐得失都会过去，都会离开这个世界，因为这都是微不足道的。

——叔本华

我们常说的一句话是“万事如意”，这样的祝愿总是美好的，一如人们的希望、期望和憧憬，一如人们的理想、幻想和梦想。不过，在现实生活中，每个人的生活却不可能事事顺心，事事如意。在人生的旅途中，我们每个人必须面对的是健康、婚姻、家庭、事业、声誉、金钱、权势。人们总希望健康，少生病，不生病；希望长命百岁，永远年轻、漂亮、潇洒；希望读一个好的大学，找一份好的工作，最好是事业有成，飞黄腾达；希望赚取很多金钱，过上锦衣玉食的日子；希望有一段美好的姻缘，有个温馨的家庭，孩子聪明可爱，老公温柔体贴。然而，这只是“希望”，现实往往事与愿违，俗话说“人生不如意十之八九”，我们常常是那不如意之人。

1991年，当时32岁的NBA名将“魔术师”约翰逊感染了艾滋病病毒，在湖人记者招待会上宣布退役。19年过去了，约翰逊依然积极地活着，用中国的一句话说：人生不如意十之八九，又何必跟自己过不去呢？

感染艾滋病病毒之后，约翰逊一直接受鸡尾酒疗法，将自己的病情控制在稳定的范围之内。他是三个孩子的父亲，同时也是丈夫，在家人的陪伴与支持下，他重新投入到工作中，管理着一个不小的商业王国，资产比退役时增加了将近20亿美元。2001年，约翰逊成立了魔术师约翰逊发展公司，拿下了洛杉矶城市里一块没人要的土地，建造了魔术师约翰逊剧院。后来，他说服了众多大商家入驻，并逐渐使其形成一个新的商业中心。2006年，约翰逊大胆收购了一家著名的连锁餐厅。可以说，即便退役之后，他自己的事业做得也是风生水起。

除了经商之外，约翰逊把所有的时间都投入到篮球和公益活动之中，他曾经担当一家电视台的NBA嘉宾主持，常常参加以篮球为主题的公益活动。虽然直到今天他也没有摆脱艾滋病的困扰，但是他却乐观地说：“我从来没有把自己当病人，我感觉好极了。我庆幸自己还活着，尽管遇到了人生太多的不如意，但是我活着，我要告诉那些患有艾滋病的人，要自强不息，要积极面对每一天。”

疾病和灾难的发生都是没办法预料的，这些来自人生旅途上的不速之伴，常常会让我们对生活失去信心。但是，心态乐观的约翰逊坚持了过来，尽管人生给了我们太多的麻烦，我们也要笑着接纳，感恩生活，这样我们的生活才会变得越来越如意。

一位太太身患全身性风湿病，每到刮风下雨就疼痛难忍，后来老伴得了脑溢血，卧床不起，吃喝拉撒全靠她照顾。再后来孩子们也下岗了，因为嫌家里穷，儿媳妇也跑掉了，儿子伤心欲绝之下做事精神恍惚，有一天在横穿马路时被车撞死，这一系列的厄运，好像天灾人祸都认得她家里的路，然后一股脑儿砸下来。

这种令人绝望的日子落到任何人头上都难以接受，但令人惊奇的是，她竟然挺了过来。在人们纷纷佩服她超强毅力的时候，她只说了这样的话："凡事看得破才有得过，我只是比别人看得开一些而已，要不然一天也活不下去了。"

人生不如意何止十之八九？当一个人倒霉的时候，喝凉水都会塞牙。然而，对这一切上天赐予的灾难，我们又怎么应对呢？心态，好的心态，简单地说，就是看得开，这是一种乐观的生活态度。大仲马曾说："人生由一串串烦恼的念珠组成，乐观的人是笑着数完它的。"人生充满着各种不如意的事情，挫折与困难随处可见，是积极地应对还是消极地承受，完全取决于你的心态。

我们应该记住，那些不如意之事是人生的一部分。在生活中，我们每个人都会面临各种各样的烦恼：工作上杂乱的琐事，身体上偶然出现的疾病，感情上的磕磕碰碰，等等。面对这些不如意的事情时，我们总是惊慌失措，想逃避，想躲到没人的地方偷偷疗伤。然而，烦恼却如影相随，让人无法彻底甩掉。生活的不如意一个接着一个，当你按下了葫芦，却浮起了瓢，烦恼与快乐本是孪生姐妹，只不过当快乐到来时，我们不会厌恶而已。但是，假如遇到不如意之事，我们也能像约翰逊一样看得开，让所有的烦恼都成为自己人生韵律的一部分，以豁达、从容的心态对待，那事事皆会如意。

为了生存，为了活得更好，面对人生不如意之事，我们要看得开。看得开是对人生中所遇的灾难与伤害作最大限度的避让，是一种心理承受力的体现。然而，看得开并不是消极地回避：人活一世，草木一秋，生不带来，死不带去，及时行乐，这是随波逐流；是非成败转头空，纵使大富大贵也难免一死，成功与平庸到头来都是一样，这是不思进取；自己反正是不成才的料，再努力也是为他人做嫁衣，这是破罐子破摔。真正的看得开，是善良的本性、博大的胸怀、开阔的视野、沉着应对的能力，人生需要看得开，这样我们才能使艰辛的路上有一缕温馨的阳光，才能使艰苦的人生旅途充满快乐的向往。

哲学启示：

叔本华说："任何危险只要还留有怀疑的余地，只要仍有可能加以挽救，我们就不该战栗，不该只作抵抗不抱其他想法——正如对待天气一样，只要见到一丝蓝天，就不该对天气失望。的确，我们应该这样说：即使全世界坍塌成为废墟，我们仍要保持泰然心情。"

对他人不奢求感恩

我们在与人交往时能够拥有优势，全在于我们对对方没有要求，不用依靠他们，并让他们清楚这一点。

——叔本华

我们都希望别人能够对你的付出作出回应，也就是希望别人能够对自

己感恩戴德，但是，忘记恩情实际上是人类的天性。英国的约翰逊博士曾经说：“感恩是那些有教养的人才有的美德，你不要去指望从普通人的身上找到。”假如我们苛求别人的感恩，那么就会犯下一个很常识性的、一般性的错误，因为你真的太不了解人性了。

对于一个人来说，什么样的恩情能比拯救他的性命更重。一位律师朋友莱斯说：“我曾经不遗余力地帮助80个罪犯，使他们免受死刑的惩罚，没有坐上那张可怕的电椅，不过在这80名罪犯中，居然没有一个人曾经对我表示过感谢，就连在圣诞节寄一张卡片也没有，对此，我不觉得有什么，你应该知道，耶稣曾经在一个下午让十个瘫痪的人重新站立起来，然而，最后只有一个人回来对他表示感谢，因为剩下那九个人全都跑得无影无踪。”

罗琳太太整天生活在忧虑之中，抱怨自己太孤独。她总是不厌其烦地讲述自己的过去，

在她侄子小的时候，她是怎样尽心尽力地照顾他们，是怎样百般疼爱他们。那时候罗琳太太还没有结婚，不过她把自己女性天生的母爱全都给了他们，直到她结婚前，那些孩子们一直住在她家里，孩子们生病的时候，她总是无微不至地呵护他们，后来甚至资助一个侄子完成了大学学业。

说到这里的时候，罗琳太太总是很伤感地说：“他们太令我失望了，因为他们似乎并不感谢我给他们的恩情。你知道吗？我的那些侄子现在根本不在乎我这个老太婆，他们虽然来看我，但那并不是经常，而且他们从来不像你这样，能够耐心地听我讲完所有的故事。我知道这很烦人，可这一切都是事实啊！那些可怜的孩子从来不考虑我的感受，因为他们根本不认为我对他们有一丝的恩情。”

有人笑着说：“是的，罗琳，我知道你每天的生活真是很枯燥，所以我这次给你带来了一个很有趣的故事。前几天，我在街上遇到了一个朋友，我一眼就能看出来他有心事，当我们在一家咖啡馆坐下来谈话时，他

终于把他的心事告诉我。原来，就在去年圣诞节的时候，他给他的员工发了10000美元的奖金，每个员工差不多分到了300多美元呢。可是，让我这位朋友气愤的是，居然没有一个人说过任何感谢的话，他现在真后悔当初给那些人发奖金。”

罗琳太太惊呼：“天啊，这是去年圣诞节的事情吗？马上就快一年了！我觉得你的朋友很不明智，他真的没有必要将一年的时间都浪费在生气上，事实上，他怎么不问问人家为什么不感谢他？也许真的因为平时的待遇就不高，而且工作时间还很长，再说，也完全有可能是员工把圣诞奖金看成是他们应得的一部分，要是我绝对不会那么傻。”

那人反问道：“您为什么不把您的侄子们看成是我朋友的员工呢？”从这以后，罗琳太太再也没有向任何人提起那些陈年旧事，而且也不认为侄子去看望她是一件顺理成章的事情。罗琳太太现在变成了一个快乐的人，因为她不再苛求别人的感恩。

聪明的人一定想知道应该如何解救自己，如何让自己变得快乐起来，其实秘诀就是把一切都看得自然一些，不去奢望以自己的力量改变现实。有对夫妇很乐于助人，尽管家里很穷，但他们每年都要从微薄的收入中挤出来一点来救济一家孤儿院，有的人可能会认为他们这样做是为了换取好的名声。其实，他们从来没有去过那家孤儿院，除了偶尔会收到一两封感谢信之外，从来没有人正式地对他们说声“谢谢”，但是，这对夫妇从来不奢求什么，其实他们很快乐，因为他们享受那种帮助那些无助的孩子们的喜悦，不过从不苛求得到什么回报。

许多人的抱怨都来自他们的孩子，因为对于父母而言，子女不知道感恩是最令人痛心的事情。忘恩是人类的天性，或许这样的话显得不近人情。不过，感恩的心是温室里的花，必须通过精心培育才能成长起来，所以，作为父母或长辈的女士有必要教育你们的孩子，让他们学会感恩，因为孩子必定是你造就的。

哲学启示：

寻求快乐的最好途径就是不苛求别人的感恩，只有把一切都看成是爱的付出，看成是最自然的事情，才会让你体会到人生的真谛。当然，当你要求别人感恩的时候，你首先要做的就是让自己拥有一颗感恩的心。

第06章　生存的痛苦与虚无

叔本华说："如果痛苦不是我们生活最接近和直接的目的，那我们的生存就是在这世上最违反目的的东西了。"生存的痛苦与虚无是相互依存的关系，那些永无穷尽的痛苦没有任何目的，纯粹只是意外。

快乐是常态，痛苦是小插曲

沉重的铠甲化为翅膀的羽毛，短暂的是痛苦，恒久的是快乐。

——叔本华

叔本华说："沉重的铠甲化为翅膀的羽毛，短暂的是痛苦，恒久的是快乐。"幸福是一种美好的感觉或享受，而痛苦则是人主观感受上折磨。人的天性往往是努力追求幸福，而避免痛苦。然而，上帝总是成双成对地创造一切，它让幸福与痛苦也成了形影不离的好朋友，于是，幸福与痛苦之间形成了一种微妙关系。每个人从主观上讲，都希望获得幸福而避免痛苦，但是，幸福的降临往往有痛苦的伴随，如此而诞生的幸福滋味却令人难忘。试想，如果你总是轻而易举地赢得幸福，你会体会到真切的幸福吗？所以，痛苦是幸福的代价，痛苦成了进入幸福的一扇门，而且，在痛苦的穿插之后，我们会变得更加快乐。

在格连·康宁罕8岁的时候，他的双腿在一场爆炸事故中严重受伤，而

且，他的腿上没有一块完整的肌肤。医生毫不犹豫地断言："你此生再也无法行走。"面对满脸悲伤的父母，康宁罕并没有哭泣，而是大声宣誓："我一定要站起来！"在床上躺了两个月之后，康宁罕便尝试着下床了，为了不让父母看见伤心，他总是背着父母，拄着父母为自己做的小拐杖在房间里慢慢挪动，钻心的疼痛将他一次次击倒，跌得浑身是伤，但康宁罕并不在乎身体上的疼痛，反而咬着牙挣扎着站起来。他坚信自己一定可以重新站起来，重新走路，甚至奔跑。经过了几个月痛苦的练习，康宁罕的两条腿可以慢慢地屈伸了，他在心底为自己默默欢呼："我站起来了！我站起来了！"

在医院里，康宁罕想起了离家两英里的一个湖泊，他怀念那里的蓝天，怀念那里的小伙伴。他想再次走向湖泊，与小伙伴一起玩耍，有着这样一个美好的心愿，康宁罕更加坚强地锻炼着自己。两年之后，康宁罕凭借着自己的坚韧和毅力，走到了湖泊边。从此，他又开始练习跑步，把农场上的牛马作为自己追逐的对象，几年如一日，从来没有放弃过。最后，他的双腿奇迹般地强壮了起来，他不断地挑战自己，成为美国历史上著名的长跑运动员。康宁罕人生的幸福不仅在于他所取得的成绩，更在于他微笑面对痛苦的信心。

痛苦常常来得无声无息，它考验你的毅力与坚韧，假如我们能顽强地与之抗争，逃离痛苦的阴影，重新给心以幸福的方向，那么，在痛苦之后，内心会更显幸福的光芒。痛苦并不可怕，只要内心能够找到快乐方向的人，幸福的钟声一定会被敲响。

总是有人问本·沙哈尔："你能帮我消除痛苦吗？"本·沙哈尔却感到不解：可是为什么要用这种态度来对待痛苦？他这样说道："痛苦，也是我们的人生经验，会让我们从中学到很多，人生的成长和飞跃，经常发生在你觉得非常痛苦的时刻。"当某些人觉得幸福的滋味太过于平淡，那么，在痛苦的偶尔穿插中，你是否感到幸福的心会更加快乐呢？

毫无疑问，幸福与痛苦就是上帝创造的一对双胞胎，它们无时无刻不游离在我们左右。幸福与痛苦来自同一源泉，相比较，一个人的客观条件不论有多好，当他与那些条件更好的人相比，就会产生痛苦；相反，一个人的客观条件无论有多坏，当他与那些条件更坏的人相比，就会感到幸福。即使我们不与他人相比较，有时候也会与自己相比：假如现在比过去好，我们就会感到幸福；假如过去比现在好，我们就会感到痛苦。当然，无论是幸福还是痛苦，我们都可以有所选择，主要取决于你的心态。比如，当痛苦来临的时候，所有的事情都很糟糕，但是你依然看到了事情美好的一面，那幸福将战胜痛苦。

哲学启示：

叔本华认为，真实的幸福是痛苦与痛苦之间的间隙。我们总是渴望着快乐，但却只会带来失望与不满，最终导致了内心负面情绪的产生。一个幸福的人，并不是拒绝痛苦的人，他也会有情绪上的起伏，但整体上能够保持一种积极的心理。由于经常被积极的心理所引导，从而感染了快乐与幸福，却很少被负面情绪所困扰。所以，在人生漫漫征途中，快乐是常态，痛苦只是小插曲。

乐观看待无法抗拒的痛苦

事物的本身是不变的，变得只是人的感觉。

——叔本华

人生来拒绝痛苦和磨难，但谁又可以真正不经受痛苦呢？有时我们甚至还要寻找一些痛苦来折磨自己。有谁在练琴中没有受到过折磨？那咿咿

呀呀的难听的声音，那一遍遍无聊的重复，都让我们的耳朵、手和心灵备受折磨，可还是有越来越多的人加入练琴的行列中。小时候，我们为练习写字牺牲了很多玩耍的时间，那时，看着窗外自由自在的小鸟，对于我们也是一种难以忍受的折磨。但我们还是义无反顾的日复一日地练下去，甚至直到成年还有人为自己当年没有好好学习而后悔。

学习是快乐的吗？对于我们中的大多数，都不是，尤其是那些我们不感兴趣的科目。但我们都有理智，让自己热爱学习。因为我们知道，尽管它是痛苦的，但它有用，我们就必须热爱它。也许，在日复一日的痛苦中，我们终于能体会到折磨的快乐。当我们能够完整地弹奏一首曲子时，当我们的字终于练得潇洒飘逸时，当我们能够随着音乐翩翩起舞时，那种心满意足的喜悦，是无可比拟的，自己连日来受到的痛苦、折磨、委屈都烟消云散了，辛苦，劳累终于都有了价值。所以，拥抱痛苦，同样可以让我们感觉幸福，甚至我们可以主动地享受痛苦。

《果核里的时间》的作者，科学大师霍金，之所以为世人所推崇，不仅是因为他的智慧，还因为他是一位人生的斗士。在一次学术报告会上，一位年轻的女记者跃上讲坛，问这位在轮椅上生活了三十多年的科学巨匠："霍金先生，卢伽雷病将您永远地困在了轮椅上，您不认为命运让您失去的太多了吗？"霍金依然用他坦然的微笑，面对着这个尖锐的问题。他用自己还能活动的手指，艰难地叩击着键盘。不久，宽大的投影器上出现了这样几行醒目的字：

我的手指还能活动；

我的大脑还能思维；

我有终生追求的理想；

我有我爱和爱我的亲人和朋友；

对了，我还有一颗感恩的心……

短暂的安静之后，掌声雷动。人们纷纷涌向台前，向他表示由衷的敬意。

霍金先生在轮椅上度过了他人生的大部分时间，他用自己的智慧乐观为自己的人生赢得了前后两位妻子，他用自己的坚强写下了许多不朽的物理著作。病魔困住了他的躯体，却并没有困住他自由伟大的灵魂。他并非从来没有为失去感到过痛苦折磨，只是他更看重自己拥有的，更重视快乐，所以，他才有更卓越的人生。

著名的鉴真大师，他八次渡海，才到达日本，历经了海上的风浪危险，鉴真大师的一双眼睛失明了。日本大昭寺中，受万人敬仰的鉴真大师，不是平白无故才会得到世人的敬重。日本人的傲慢，世人皆知，他们肯对一个平凡的中国人膜拜，不是没有原因的。因为他历经磨难把中国先进的佛法和建筑文化带到了日本，因为他是坚强意志和善良本性的化身。

人人都知道“生于忧患，死于安乐”这句话，一个国家常常因为安乐而走向灭亡，人生也常常因为安于快乐而不思进取，走向失败。所以，人生要有忧患意识，事实上，我们每个人都有一定的忧患意识，恐怕自己遭到社会的淘汰，不断学习时尚；唯恐自己遭到公司的淘汰，不断进修；恐怕青春老去，因此不断地进修某些美丽课程。每个人担忧的都不一样，遭到的痛苦也是不一样的。但有一样却是相同的，那就是我们把精力放在了哪里，收获就在哪里。

既然痛苦无法避免，我们同样可以幸福。音乐家贝多芬拥抱了失聪的痛苦，却在内心的宁静中，扼住了命运的咽喉，我们可以想象到他的晚年是痛苦中掺杂着愉悦的，这是被动地承受折磨。凡·高割掉了自己的耳朵，却在这样的痛苦中，收获了更卓越的人生。我们不会用自残身躯来折磨自己，却能够不断地用忧患的意识，折磨自己，获得幸福。

哲学启示：

境由心生，痛苦本身不是问题，如何对待它，才是最大的问题。有时拥抱痛苦，一样可以幸福。人生不如意十之八九，如果我们总从消极的一面去看待生活，我们就会陷入无边的折磨。而我们以一颗乐观的心来对待生活，即使遭遇什么样的磨难，我们同样可以幸福。

别为了生活而毁坏了生活的目的

> 一个具有深远和高贵思想的人不应该允许自己的精神思想完全被私人琐事和低级烦恼所占据，以致无法进行深远、高贵的思考，因为这样做确实是“为了生活而毁坏了生活的目的”。
>
> ——叔本华

叔本华认为，普通人的思想总是完全被私人琐事和低级烦恼所占据，以至于无法进行正确的思考，结果这样导致为了生活而毁坏了生活的目的。生活是一个过程，在这个过程中，大部分人行色匆匆，却很少有人放慢脚步来享受这个过程本身。

你是否度过这样的每一天：每天早上急匆匆赶往公交或地铁站，晚上下班时还坐在办公桌前为某个项目或文案奋斗，甚至连周末都没时间看望父母，也没时间放松自己。几乎每天都在为了升职而充电，为人际关系而聚会。一天到晚，忙工作、忙学习、忙挣钱……除了忙依然忙。

类似的电影《杜拉拉升职记》《穿普拉达的女王》确实红火了一把，在许多人的眼中，杜拉拉也许是我们职场中的代表，她没有多少背景，受过良好的教育，全部靠个人的努力，当然，最终她取得了成功。仅仅从这个角度说，杜拉拉当然算是每个人的偶像，不过，尽管我们对杜拉拉的坚韧和成功十分敬佩，但我们若是从另外一个角度来看，这种拼命努力的工作狂和八面玲珑的为人处世却也不是每个人都能做到的。或者可以说，并不是每个人都想过的一种生活。对于我们大部分人而言，与其成为另外一个不要命式的工作狂，还不如做回自己，静心地享受生活。生活中，那些工作狂为什么拼命地工作呢？他们最主要的目的就是挣钱，而挣钱又为了什么呢？

中国的文化崇尚工作至上，在这样文化的影响下，许多人经常在办公室挑灯夜战，或者从来不出门旅游，这样拼命工作的人其实已经忽略了生活的美好，更何况工作得多并不意味着应该受到表彰或加薪。过度工作很有可能会降低自己的工作效率、消磨自己的创造力，甚至对你与家人和朋友的关系产生负面影响。尽管，有激情有梦想是上天赐予自己的礼物，为自己热爱的事业而努力更不是一种错误。但是，我们的休息也很重要，除去忙碌的工作时间以外，我们应该更多地享受生活，享受与家人朋友待在一起的感觉。这样我们才能收获更多来自心灵深处的快乐。

王先生来自于偏远的山村，用光了家里所有的钱，挤进了大学的门槛，到大学毕业之后，他已经是负债累累。虽然，品学兼优的王先生通过老师的介绍获得了一份不错的工作，但他并不满足普通的职位，而且还有自己读书时欠下的债成了他拼命工作的动力。早上他第一个到办公室，下班了，他又是最后一个离开办公室的。在无数个深夜，他孤身一个人待在办公室，思考一个企划案，或着手一个新产品的研发。当然，付出是有回报的，王先生很快晋升于管理层，不仅如此，他还清了所有的债务。就在这时，他结识了一位女士，组建了一个幸福美满的家庭。

这样看起来，王先生的生活算是美满幸福了，但王先生并没有放松下来。每天，他依然是公司最拼命的一个，妻子每每抱怨：“你已经很久没陪我们去公园了？我们一家人从来没去旅游过。”这时王先生总是以惯有的口吻说：“我这样还不是为了这个家。”妻子辩解：“可我们已经不缺什么了，我和孩子唯一缺的就是你，再富足的物质生活也比不上一家人在一起啊！”妻子的话还没说完，王先生已经西装革履地出门了。

没想到加班到凌晨一点的王先生回到家里，竟然发现妻子带着孩子走了，桌上只留下一个地址。第二天，王先生破天荒地向公司请了假，按照妻子所给的地址，没想到竟然是一处山清水秀的森林公园，远远地，王先生看到妻子、孩子，还有自己白发苍苍的老母亲坐在一起，孩子嬉戏着，妻子则和母亲聊着天。看着这样的景象，王先生的眼睛湿润了，在那一

刻，他明白了很多。

从此以后，王先生不再是拼命三郎了，他从自己工作的时间里抽出一部分陪家人和朋友，在这段时间里，他才发现生活多么美好、多么轻松！

当一个人拼命工作到忘记了家人和朋友，尽管他的物质生活是富足的，但其精神生活却是一片贫瘠，他的内在心灵更是一片荒芜。因为他不懂得享受生活，自然感受不到来自生活的快乐。工作的功利性目的是挣钱，但这并不是其最终的目的，享受生活才是挣钱的最终目的。

生活中，享受生活是人生的特殊体验，在越来越喧嚣的尘世中，我们逐渐背离了享受生活的本质。在拼命工作的过程中，我们变得越来越提得起，放不下，为享受而享受，把挣钱、占有当作是享受的终极目的。这样一来，生活中感受到的是苦多乐少。其实，享受生活是一种感知，品味春华秋实、云卷云舒，一缕阳光、一江春水、一声问候、一叶秋意都是生活里醉人的点点滴滴。

哲学启示：

在物欲横流的今天，越来越多的人物质充足，但其精神却很贫瘠，心灵无法得到休息。这主要是因为他们模糊了一个概念，生活的意义在于享受生活，而不是折腾生活。

嫉妒会毁了你的生活

嫉妒在人与人之间，建立一道坚厚的墙；同情则使这道墙变松变薄；有时候，甚至彻底把它推倒；于是，自我与非我之间的区别便消失了。

——叔本华

叔本华认为，嫉妒在人与人之间，建立一道坚厚的墙。嫉妒，它是毒害纯洁感情的毒药，是吞噬善良心灵的猛兽，是丑化面容的黑斑，其来源于你心中的狭隘与不自信。其实，嫉妒是无能的表现，因为自己不能达到对方的高度，不能获得对方的荣誉，只好用嫉妒心理来维护自己的自尊。培根曾说："在人类的一切情感中，嫉妒之情恐怕是最顽强，最持久的了。"在众多心理状态中，嫉妒是一种心理病态，基于内心的狭隘和不自信，人们很多时候容易产生嫉妒的心理，总觉得自己处处不如别人，埋怨上天的不公平。虽然，"嫉妒之心，人皆有之"，但是，如果这种心理的疾病不及时根除，那嫉妒就会越来越紧地束缚我们的内心，使我们的心灵透不过气来。

巴尔扎克曾说："嫉妒潜藏在心底，如毒蛇潜伏在穴中。"嫉妒的人一定是自私的，而自私的人肯定是有着嫉妒心理的，原来嫉妒和自私犹如孪生兄弟，彼此不可分割。如果一个人的内心不自私，不存在狭隘的心理，那么，他是不会对他人充满嫉妒之心的。因为嫉妒，他不希望别人比自己优越；因为自私，他总想剥夺别人的优越。喜欢嫉妒的人从来不说一句好话，因为他们狭隘的心理容不下别人的长处，他以说别人的坏话来寻求一种心理上的满足。在生活中，喜欢嫉妒的人是没有朋友的，因为他把所有比自己强的人都视为敌人，同时，瞧不起那些比自己弱的人。

在小说《三国演义》里，有众人皆知的诸葛亮三气周瑜的故事：

赤壁之战结束后，孙、刘两家均欲取荆襄之地，如此一来，才能全据长江之险，与曹操抗衡。刘备屯兵在油江口，周瑜知道刘备有夺取荆州的意思，便亲自赶赴油江与刘备谈判。谈判之前，刘备心中忧虑，孔明宽慰说："尽着周瑜去厮杀，早晚教主公在南郡城中高坐。"后来，周瑜在攻打南郡时付出了惨重的代价，不仅吃了败仗，自己还身中毒箭，不过，周瑜还是将曹仁击败。可是，当周瑜来到南郡城下，却发现城池已经被孔明袭取，周瑜十分生气："不杀诸葛村夫，怎息我心中怨气！"

周瑜一直想夺回荆州，先后与刘备谈判均无好的结果，这时，刘备

夫人去世。周瑜便鼓动孙权用嫁妹之计将刘备诱往东吴而谋杀之，继而夺取荆州。没想到此计又被诸葛亮识破，将计就计，让刘备与吴侯之妹成了亲。到了年终，刘备以孔明之计携夫人几经周折离开东吴，周瑜亲自带兵追赶，却被云长、黄忠、魏延等将追得无路可走。顿时，蜀军齐声大喊："周郎妙计安天下，赔了夫人又折兵！"这次，周瑜气得差点昏厥过去。

过了一段时间，周瑜被任命为南郡太守，为了夺取荆州，周瑜设下了"假途灭虢"之计，名为替刘备收川，其实是夺荆州，不想再次被孔明识破。周瑜上岸后不久，就有大陆人马杀过来，言道"活捉周瑜"，周瑜气得箭疮再次迸裂，昏沉将死，临死前还长叹："既生瑜，何生亮？"

莎士比亚曾说："您要留心嫉妒啊，那是一个绿眼的妖魔！"周瑜本聪明过人，才智超群，但却心胸狭隘，对于比自己技高一筹的诸葛亮耿耿于怀，心生嫉妒，最终落得个气绝身亡，怀恨而死。嫉妒是一种心理病态，宛如毒药，周瑜被嫉妒的心态所缠绕，最后，无疑是自饮毒酒。我们不难发现，嫉妒源于两方面，一是心胸狭窄、狭隘；二是对自己不够自信。试想，如果周瑜能够心胸开阔，对自己充满自信，他也不会英年早逝。

另外，我们可以清晰地发现，嫉妒心理是具有等级性的，也就是说，只有处于同一竞争领域的两个竞争者才会有嫉妒心理和嫉妒行为。通常情况下，人们只会嫉妒与自己处于同一竞争领域的比自己表现优越的人，而不会嫉妒与自己不在一个领域中的人。周瑜嫉妒诸葛亮，也是因为诸葛亮与自己处在同一个领域，而且，诸葛亮的能力比自己强，他不会嫉妒与自己不处于同一领域的，比如曹操、孙权。

曹丕忌曹植，终留下了把柄："煮豆燃豆萁，豆在釜中泣。本是同根生，相煎何太急？"对自己的不自信，以及内心的狭隘，常常使我们的嫉妒心理愈加严重，若不及时抽身而出，反而会被嫉妒所吞噬。古人曰："欲无后悔须律己，各有前程莫妒人。"好嫉妒的人自私而狭隘，他们往往自大，总想高人一等，容不下比自己强的人，看到周围的人超过了自己，要么设法贬低对方，要么陷害对方。

哲学启示：

那么，我们如何才能冲出嫉妒的黑网呢？对此，我们应该正确认识自己，看到自己的优点，尽早从病态的自尊心和自卑感中解脱出来，正视自己与他人之间存在的差距，与其嫉妒别人，不如学习对方的长处，这样，思想解脱了，心灵才会从嫉妒的黑网中解脱出来。所以，学会正视自己，扬长避短，努力冲破嫉妒的黑网，重新走向豁达广阔的天地。

简单的幸福无处不在

获取幸福错误的方法莫过于追求花天酒地的生活，原因就在于我们企图把悲惨的人生变成接连不断的快感、欢乐和享受，这样，幻灭感就会接踵而至，伴随而来的还有人与人之间的谎言与欺骗。

——叔本华

叔本华认为，当人们企图把悲惨的人生变成接连不断的快感、欢乐和享受，整日花天酒地，最终得到的却是谎言与欺骗。古人曰："大道至简。"意思是，越是真理的就越是简单的。在我们的一生中，总会有许多追求，许多憧憬，甚至我们会面临许多诱惑。或追求真理，或追求刻骨铭心的爱情，或追求理想的生活，或追求金钱，或追求名誉地位，等等，但太多的欲求是否会让我们的生命难以承受之重呢?

生命之舟若是太过繁重，生命就不再是一个蓬勃向上和快乐进取的过程，而会成为一个痛苦无奈的延续，而一个在痛苦中挣扎的生命，即使拥有的东西再多，也都暗淡无光。就像古人所说"大道至简"，其实，真正快乐的生活应该也是简单的，或者说，最简单的生活才是最快乐的。当

然，这种简单并不是贫乏或贫穷，而是繁华之后的一种追求，是一种去繁就简的境界。越简单越快乐，这确实是简单的真理，因为简单，我们的心很容易知足，哪怕是生活中一个细小的惊喜，我们也会变得快乐不已，这时快乐已经不再那么奢侈，而是很容易就能获得。

美籍华裔数学家陈省身教授曾这样说道："把奥妙变成常识，复杂变为简单，数学是一种奇妙有力、不可或缺的科学工具，人生也是一样，越是单纯的人，就越容易成功。简单既是思想，也是目的。人生是一种乐趣，一种创造。人生快乐，快乐人生，生活的动力就是不断寻找和发现乐趣。生命是否有意义，包括事业、家庭生活、健康长寿等，都和快乐有关。一个人一生中的时间是常数，应该集中精力做一些好事。"当交错复杂的生活变得简单，你会发现快乐也是比较容易获得的生活，因为我们心中已经无欲无求，在这样的心境下，自然就容易变得快乐。

在宏村，有一位德高望重的老人，同时，他还是一位医术精湛的老中医。他行医的宗旨是悬壶济世，解人疾苦。对于那些贫困的病人，他不仅免费医治，而且还给予精神安慰和金钱上的帮助。他在家乡行医半个多世纪，积蓄颇为丰厚，于是他就在家乡开办了一座济老院，收留那些晚年生活无依无靠的老人，这个济老院完全是慈善性质的。

虽然，老人花了大笔金钱来办济老院，但他自己的生活却坚持一切从简的原则。在宏村行走，他常年穿戴的都是旧而干净的布衣布帽布鞋，这些衣物的历史都在三十年以上，宏村的人们很少见到他添置新的衣帽，平时家里人置办新的衣服给他，他也不穿，而是将这些崭新的衣服送给那些缺衣少穿的人。在饮食上，他更是主张粗茶淡饭，以素食为主。生活如此之简单，但老人却生活得异常快乐，他闲来没事时就会去济老院陪那些老头老太太唠家常、叙往事。在老人70岁的时候，他在济老院的前后种植了大片竹子，等到他一百零一岁逝世时，竹子已经郁郁葱葱、蔚然成林了。

后来，宏村的人们为了纪念这位老人，专门在竹林前立碑，除了记述老人的生平事迹以外，还为这片竹林题下了"慈竹林"三个大字。

追求简单的生活，首先应该有简单的心态。老中医舍得花大笔金钱来办济老院，做慈善事业，并不意味着他在自己的生活中也是大手大脚，甚为讲究，相反，他自己的生活却是一切从简，一点也不烦琐。恰恰是因为这样的简单的心态，因而他更容易获得幸福，也获得了长寿。

追究简单极致的生活，需要适当控制自己的欲望，这些欲求当然是指物质生活和人际交往方面。而对于精神的追求，反而会更多。因为一个在物质和世俗关系方面追求很少的人，才可能有更多的时间去追求精神世界的丰富多彩。

**哲学启示：**

当然，欲望是难以克制的，欲望本身也是有利有弊的。有“度”的欲望是人生命的内在动力，是人们奋斗和追求事业成功的助推剂；但是，一旦超过了限度，人的欲望就好像一匹脱缰的野兽，最终会将一个人拖入无底的深渊。一个追求简单生活的人，他会心无旁骛，将那些引起自己烦恼的事物丢掉，不让它干扰自己的身心和脚步。简单使人快乐，简单生活是快乐的绝世法宝。

别把快乐建立在他人的痛苦之上

人性中最坏的特点是对别人的不幸遭遇幸灾乐祸，这是一种非常接近残忍的感情。幸灾乐祸所带来的笑骂，简直是来自地狱的笑声。

——叔本华

在日常生活中，有的人眼见别人出事了，惹上麻烦了，心中就会充满

一种快感——幸灾乐祸。其实，像如此小人的行径，使你在人际交往中得不到任何好处，只会让你臭名昭著。俗话说得好："三十年河东，三十年河西。"风水是轮流转的，你也不能预测到将来你会发生什么事情，或许你也有倒霉的一天。而那些被你耻笑过的人，会在你陷入困难时加倍奉还你。这时，你如何能够经得住致命的打击呢？

有人称幸灾乐祸是人性底部的邪恶快感，那么人们为什么会幸灾乐祸呢？这是一种人际情感，发生在人与人之间或人群与人群之间。由于幸灾乐祸是一种基于社会竞争和社会比较的社会情感，所以偏男性，毕竟男性在社会中应对的竞争环境和压力更多，容易产生"他人的输就是我的赢"的错误观点，所以幸灾乐祸心理反应比较强烈。幸灾乐祸的产生是为了解决一种无可放置的心情，"无可放置"实际上就是现在我们经常说的一种焦虑情绪。幸灾乐祸是对焦虑心理的一种补偿和缓解。人们失去或者被剥夺得越多，焦虑感越强烈，越是需要寻求快乐的心理补偿。所以说，社会底层的人幸灾乐祸心理反应会更强烈。他们嫉妒比自己强和优越的人，感情变得麻木、冷漠等。

有一个人，非常嫉妒他的邻居，他的邻居越是高兴，他越是不高兴；他邻居的生活过得越是不好，他越是幸灾乐祸；每天都盼望他的邻居倒霉，或盼望邻居家着火，或盼望邻居得什么不治之症，或盼望下雨天雷能蹿进邻居家，劈死一两个人，或盼望邻居的儿子夭折……然而每当他看到邻居时，邻居总是活得好好的，并且微笑着和他打招呼，这时他的心理就更加不痛快，恨不得给邻居的院里扔包炸药，把邻居炸死，但又怕偿还人命。

就这样，他每天折磨自己，身体日渐消瘦，胸中就像堵了一块石头，吃不下也睡不着。

终于有一天，他决定给他的邻居制造点晦气。这天晚上，他在花圈店里买了一个花圈，偷偷地给邻居家送去。当他走到邻居家门口时，听到里面有人在哭，此时邻居正好从屋里走出来，看到他送来一个花圈，忙说：

“这么快就过来了，谢谢！谢谢！”原来邻居的父亲刚刚去世。这人顿觉无趣，“嗯嗯”了两声，便走了出来。

心理学家认为，幸灾乐祸是一种阴暗情感，产生的条件包括基于自身劣等的痛苦，幸灾乐祸的目标大多是嫉妒或怨恨的对象、社会地位高于自己或在某些方面优于自己的人。慈善的行为可以给人良好的感受，幸灾乐祸满足的是人的病态或者负面的心理需求。

生活对于我们每一个人来说，并不会一帆风顺，总会出现大大小小的挫折和困难。小至丢了工作，大至性命攸关，这对于我们来说都是无法预料的，也是没有办法避免的。因此，无论对方是陷入困境还是处于挫折之中，都不要幸灾乐祸，这对于对方而言无疑是雪上加霜，往伤口上撒盐，而且，还会给对方造成比事件本身更大的伤害。即便是对方曾经与你有过矛盾，你也要坚守起码的做人原则，那就是任何时候都不要做幸灾乐祸之人。

哲学启示：

在任何时候，我们做人都要厚道，对于别人的不幸要给予同情，对于别人的过失也要进行自我反省。不管是幸灾乐祸，还是落井下石，都是墙倒众人推，这都是小人的行为。你要永远记住：风水轮流转。古往今来，历史上没有任何一个潮流与现象是永恒的，都是盛极必衰，衰极必胜。

第07章　痛苦源于期望过高

痛苦是一种内心对外在刺激产生的感觉，痛苦的因素源于很多，比如期望过高，当一切努力都不能使情况发生好转时，痛苦感就会油然而生，不容易掌控。叔本华认为，之所以感到不满，原因就在于我们试图不断提高原来的要求。

名利是海水，越饮越渴

我们可将财富比作海水，喝得越多，越是口渴，名声亦复是如此。

——叔本华

在叔本华看来，名利是海水，越饮越渴。名利，多么具有诱惑力的一个字眼，同时，这也是很多人立足社会、搏击人生的主动力。自古以来，名利就是许多人一生的奋斗目标，多少人为了光宗耀祖而削尖了脑袋挤进官宦之途，多少人因为人生的不得志而郁郁寡欢。但是，在名利场上，春风得意、踌躇满志的人毕竟是少数，大多数人为名利而困扰，为那些自己得不到的名利而较真。其实，人生的道路本来很宽阔，如果我们把眼光尽放在名利上面，那只会让我们的道路越走越狭窄。只有我们敢于抛下名利，才能活出真的自在。

从古至今，人们对功名利禄的向往都很强烈，特别是居高位者，每每容易在权力欲望中迷失，最终变得疯癫。不过，曾国藩却说："为官应当只问耕耘，不问收获。"这其中的淡然之心，可以说是令人敬佩。而正是具有这种将名利抛下的心理，让他最终得以保身。

淡泊者不求名利，曾国藩就此作出解释："'淡泊'二字最好，淡，恬淡也；泊，安泊也。恬淡安泊，无他妄念也。此心多么快乐啊！而趋炎附势，蝇头微利，则心智日益蹉跎也。"曾国藩是一个清醒的人，他认为："乱世之名，以少取为贵。"人生在乱世，世态发展皆在混乱之中，何谓富，何谓福，这都是难以说清楚的，所以人生还是少取为妙。他不仅懂得自己摆正心态，而且还严格约束家人：教训儿孙妇女常常作家中无官之想。"

在功成名就之后，同治六年五月，曾国藩在家书中劝告欧阳夫人说："居官不过是偶然之事，居家乃是长久之计，能从勤俭耕读上做好规模，虽一旦罢官，尚不失为兴旺气象。若贪图衙门之热闹，不立家乡之基业，则罢官之后便觉气象萧索，凡盛必有衰，不可不预为之计。望夫人教训儿孙妇女常常作家中五官之想，时时有谦恭省俭之意，则福泽悠长。"

冰心老人曾告诉我们："人到无求，心自安宁。"从冰心老人家一辈子的经历中，我们不难看出，清心寡欲，淡泊宁静，看淡功名利禄，正是她精神健康的奥秘。半个多世纪以来，冰心将全部的杂念全部抛到脑后，一心扑在为孩子们的写作、交流上，而孩子们也带给她无限的安慰和喜悦。或许，正因为她心静如水，永远保持着童心，才使得自己在古稀之年也耳聪目明，思维敏捷，淡泊以明志，宁静以致远，我们才会活得洒脱自在。

（原文）庄子钓于濮水，楚王使大夫二人往先焉，曰："愿以境内累矣！"庄子持竿不顾，曰："吾闻楚有神龟，死已三千岁矣，王巾笥而藏之庙堂之上。此龟者，宁其死为留骨而贵乎？宁其生而曳尾于涂中乎？"二大夫曰："宁生而曳尾涂中。"庄子曰："往矣，吾将曳尾于涂中。"

（译文）庄子此时面临着这样的选择：前面是清波粼粼的濮水以及

水中从容不迫的游鱼，背后则是楚国的官位——两者巨大的差距使这道选择题看起来十分容易。但是大概楚威王也知道庄子的脾气，所以用了一个“累”字，只是庄子要不要这种“累”？多少人在这种“累”中体味到权力给人的充实感和成就感？这是生命中不能承受之“重”。

濮水的清波吸引了他，他无暇回头看身后的权势。他那么不经意地推掉了在俗人看来千载难逢的发达机遇。他把这看成了无聊的打扰。他只问了两位衣着锦绣的大夫一个似乎毫不相关的问题：“楚国水田里的乌龟，它们是愿意到楚王那里，让楚王用精致的竹箱装着它，用丝绸的巾饰覆盖它，珍藏在宗庙里，用死来换取‘留骨而贵’呢，还是愿意拖着尾巴在泥水里自由自在地活着呢？”两位大夫回答说：“宁愿拖着尾巴在泥水中活着。”庄子曰：“往矣！吾将曳尾于涂中。”

这个故事反映了庄子的真实心灵，庄子对于抛弃名利的坚持，让我们知道精神可以达到这样的境界。实际上，庄子的行为，确实让一代代“学而优则仕”的读书人，在赢得世俗的成功的同时，内心总会有一种秘而不宣的羞耻感，还有一种受名利驱使的无奈感。

伴着“庄生晓梦迷蝴蝶”中翩翩起舞的蝴蝶，在东篱之下悠然采菊，面对南山，陶渊明选择忘记，遗忘那些官场中的丑恶与仕途的不达，清新淡雅，与世无争，为自己寻回了一方心灵的净土。超脱于名利之外，活得一身轻松。

哲学启示：

叔本华认为，一个人假如具备抛弃名利的人生态度，那么面对生活，他就会比常人更容易找到乐观的一面。他所看到的就是生活的美好，他不再对那些可望不可即的空中楼阁感兴趣。在纷繁的世界中，不去较真名利的争夺，在自己的心田，构筑一片宁静的田园，你自然会体会到简单的快乐。

欲望是幸福最大的敌人

幸福不过是欲望的暂时停止，我们就像田野上的羔羊，在屠夫的注视下恣意欢愉。

——叔本华

叔本华认为，幸福不过是欲望的暂时停止，我们就好像田野上的羔羊，在屠夫的注视下恣意欢愉。而那所谓辉煌的人生，不过是欲望的囚徒。人们的欲望心理从何而来？不妨先来看看人们对“权力”这个词语的理解吧。在福柯的《规训与惩罚》《如何保卫社会》和《性经验史》中，许多人听到了一种绝望之音，不论福柯如何强调“权力”是一个中性词，我们依然会发现自己成了瓮中之鳖：从一个人出生开始，我们已经浸泡在语言之中，从社会机制到身体的毛细血管，符号无孔不入。同一个对象，是美食还是尸体？是父母还是男女？在生物性和文化性的较量之中，后者好像总是赢家，它过度地侵占我们，规训着我们那莫名其妙来到世界的肉体，而我们所建立的全部文明，都不过是为了这个借口。

欲望是由人的本性产生的想达到某种目的要求，欲望无善恶之分，关键在于如何控制，是世界上所有动物最原始的、最基本的一种本能。从人类角度而言，欲望是心理到身体的一种渴望、满足，这是一切动物存在必不可少的需求，当然，所有动物最基本的欲望就是生存与存在。但是，欲望是幸福的敌人，所以知足者常乐。

大学毕业后，他考上了公务员。或许是因为学生气太重，有棱有角，所以对任何事情都公事公办，严格按照上级所传达的文件处理一切事情。他这种做法使自己处于一个孤立的境地，同一个办公室的同事怪声怪气地

说："果然是文学院的人才，酸腐啊酸腐。"他感到不解，难道人民的公仆不应该像自己这样吗？

到年底了，每个科室要上交一份人事报告，就是对各个科室的同志进行客观的评价，主要是由科长撰写，而且这样的评价会成为年度表彰大会的依据之一。他根据平时的观察情况写出了中肯的意见，其中对一名同事作了批评，因为他总是缺班，没有干过一件正经的工作。谁知道，这样的表述立即为自己带来了灾难，原来那位同事是镇长的儿子，所以才这么放肆。他觉得自己说得很有道理，但是，上面却没有任何说法，最后找了个借口撤去了他的科长职务，他成了一个闲职。

他觉得太受打击了，为了恢复原职，他仔细观察了周围同事的一言一行，逐渐感染到一些官僚风气。虽然，他心里觉得这好像违背了做人的原则，但是如果按自己现在的处境，会一辈子没什么出息。于是，他开始融入这个圈子，认识了许多达官贵人，聪明的他还懂得投其所好，花钱买礼物送出去，说几句奉承话，没过多久，他就直接被任命为办公室主任。后来，他在官场里如鱼得水，镇长秘书、副镇长、镇长、市委书记逐渐晋升，成了许多同事羡慕的对象。看着自己的位置，他很欣慰，但他并没有觉得知足，有了权力，他更想要金钱、美女，许多想依靠他这棵大树的不同行业的人纷纷送名车、递香烟、送美女，他的日子过得很逍遥。

但好景不长，纪委很快把他锁定为重点目标，在经过一段时间的调查之后，发现他受贿金额巨大，当即革职并被带到了纪检委。

他从刚开始的青涩到沦为了阶下囚，这是一个难以琢磨的过程，更是一个令人反思的过程。欲望就像毒品，是会上瘾的，当你一次满足了之后，就会不断地滋生更多的欲望，那根本就是一个无法填满的无底洞。当然，每个人都有一定的欲望，这是正常的，可以促使我们不断地奋进，也是一种自我肯定。但是，如果你的欲望过于强烈，就不再是对自己存在的肯定，相反，会否定别人的存在。

如果欲望产生什么，那么其产品是现实。如果欲望是能产的，那么只有在现实世界才能产，并且只能生产现实性。欲望是一组被动的综合，它们操纵着局部性的客体、流量及躯体，行使着生产单位的职能。现实是终端产品，是欲望被动综合的结果，即无意识的自发生产。欲望不欠缺什么东西：它不缺少客体。毋宁说，它是欲望中所缺少的主体，或缺乏固定主体的一种欲望。除非有压抑，否则没有固定的主体。

欲望及其客体完全是同一种东西，是机器，是机器的机器。欲望是一种机器，而欲望的客体则是与之相关的另一架机器。因此，产品是某种从生产过程中去除或减掉的东西：在生产行为和产品之间，有某种东西变得分离开来，因而给漂泊流浪的主体提供了一处居所，欲望的客观存在本身就是现实之物。人类是欲望的产物，而生命则是欲望的延续，人不可能没有欲望。欲望也不会停止，它会伴随着人的一生。

哲学启示：

叔本华认为，欲望的存在是无可厚非的，但是，人类是高级动物，可以控制自己的欲望，甚至放下自己的欲望，这也是可以做到的。一个人就像是一条欲望的溪流，它流淌的不是溪水，而是人的各种欲望。这时候，欲望如水，亦能载舟，也能覆舟，就看你如何去对待了。

心不动，则人不妄动

> 一个人心灵的宁静越是不为恐惧所侵扰，就越是可能为欲望和期待所骚动。
>
> ——叔本华

叔本华认为，一个人心灵的宁静越是不为恐惧所侵扰，就越是可能为欲望和期待所骚动。有时候，最不容易管住的是我们的心，今天要求，明天希望那样，总是翻来覆去，心猿意马。浮躁的心总也看不开人生的种种，看不开灯红酒绿，看不开金钱、权力、欲望，所以他才会感觉到人生烦恼多。正所谓“心静自然凉”，当我们静下心来，再回过头看这个世界，是否会觉得烦恼丛生呢？有时候，不是因为看不开，而是因为没办法静下心来。

在生活中，我们因看不开所产生的烦恼、痛苦、绝望、发怒或者从容、自在、快乐的感觉，都源于我们内心。就好像少年入定时会有一只大蜘蛛不请自来对你进行骚扰一样，浮躁的心，往往会对我们的情绪产生影响，或悲或喜，或烦恼或自在，或绝望或希望。

三伏天，禅院的草地枯黄了一大片。小和尚说：“快撒点儿草种吧，好难看哪！”“等天凉了。”师父挥挥手说，“随时！”中秋，师父买了一包草籽，叫小和尚去播种。

秋风起，草籽边撒边飘。“不好了！好多种子都被吹飞了。”小和尚喊。“没关系，吹走的多半是空的，撒下去也发不了芽。”师父说，“随性！”撒完种子，跟着就飞来几只小鸟啄食。“要命了！种子都被鸟吃了！”小和尚急得直跳脚。“没关系！种子多，吃不完！”师父说，“随遇！”

半夜一阵骤雨，小和尚早晨冲进禅房：“师父！这下真完了！好多草籽被雨冲走了！”“冲到哪儿，就在哪儿发芽！”师父说，“随缘！”一个星期过去了，原本光秃秃的地面，居然长出许多青翠的草苗。一些原来没播种的角落，也泛出了绿意。小和尚高兴得直拍手。师父点头：“随喜！”

好一句“随喜”，因为师父怀着一颗淡泊明志的心，所以才会事事“随喜”，凡事都看得开。静下心来，看什么都是没关系的，“随时”“随性”“随遇”“随缘”“随喜”，人生似乎就是这样，假如每每

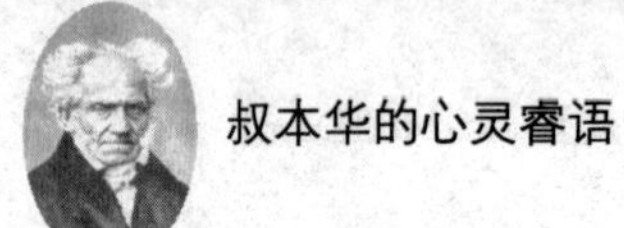

失去了或得到了什么，都抱着很浮躁的心态去对待，那万事万物，千头万绪，我们是再也理不清、剪不断的。人生需要“随喜”的心态，静下心来，处处随喜，生活自然一片美好。

在罗阅祇城有一个婆罗门，他常听说舍卫国人民多孝养父母、信仰佛法，而且善于修道，并供养佛法僧三宝。他心中十分向往，便想去舍卫国观光并修学佛法。到了舍卫国，他看见有父子二人正在田中耕地、播种。忽然，有一条毒蛇爬到那儿子的跟前，将他咬死了。然而那父亲不但不管儿子，反而接着干活，连头也不抬。

这个婆罗门大为惊奇，便上前问他原因。耕种者反问道：“你从何方来，来此为何目的？”这个婆罗门回答说：“我从罗阅祇城来，听说你们国家多孝养父母、信奉三宝，所以打算来求学修道。”接着，婆罗门问道：“你儿子被毒蛇咬死，你为什么不但不难过，反而接着耕地播种？”耕种者说：“人之生老病死及世间万物成败，皆为自然规律，忧愁啼哭能有什么用呢？如果伤心得饭也不吃、觉也不睡，什么也不干，那不跟死人一样？活着的意义就不大了。你要进城，路过我家时，请替我捎话给我家人，说儿子已死，不必准备两人的饭菜了。”

这个婆罗门心里暗想：“这个人可真不像话！儿子被蛇咬死，竟然不悲哀，反而还想吃饭，真没有人性啊！”他进入舍卫城，来到耕种者的家，见到那人的妻子，便说道：“你的儿子已经死了，他的父亲让我捎话说，准备一个人的饭就行了。”那妇人听后，说：“人生即如住店，随缘而来，随缘而去，我这儿子也是一样啊！生是赤条条来，死亦赤条条去，任何人都不能违反这一规律。”这个婆罗门又告诉了死者的妻子，谁知她的回答也是如此。他心中非常生气，对那女子说道：“你的丈夫已死，你难道一点儿也不痛心吗？”那女子默然不答。

这个婆罗门怀疑自己是否走错了国家，决定去请教伟大的佛陀。他来到佛所，向佛陀顶礼，退坐一边，一脸的愁云。佛陀已明白他的来意，却故意问他为什么忧愁。

他回答说：“遇事不合我的想法，故而忧愁。”佛陀又问：“遇上何事不合你所想呢？”他如实向佛陀禀告了路上所见之事。佛陀说道：“善男子，这些人是真正明白人生事理的啊！他们知道人生无常，伤心悲哀无济于事，故能正视世间及人生的自然规律，也就无有忧愁！尘世之人不明白生死无常的道理，互相贪着爱恋，等到突发事件一来，即懊恼、痛苦甚至痛不欲生，无以自制。正如人得了热病，高热谵语，恍恍惚惚胡说八道，只有经过良医诊治下药后，热退病愈，才不会再说胡话了。”

佛陀接着又说：“世间俗人长时间被贪、嗔、痴三种烦恼袭扰，不能自拔。如果自己能明白无常之道理，能明白佛法苦集灭道之道理，那么自然烦恼尽除。这些人皆可以证道啊！”这个婆罗门闻佛所说，即自责道：“我真愚痴，不明佛法大义，现在一经佛说，如黑暗中见到光明，恍然大悟！”

人生总是充满着各种不如意，而佛法告诉我们，生命的无常无法回避，我们应该把心静下来，面对它、认识它、超越它、看开它。或许，许多对佛法陌生的人认为佛教是消极的，其实不然，佛教认为苦是一种客观存在的，世间的一切都有生、住、异、灭的过程，生老病死、春夏秋冬，只要我们怀着一颗安静的心看待，那一切都是可以看得开的。

哲学启示：

当自己被一颗浮躁的心所围绕，那我们看什么都是烦恼，什么都看不开。心若静下来，我们自然会看到生活中的许多美好，心情也一下子豁然开朗。

名誉在外，良心在内

名誉是表现在外的良心，良心是隐藏在内的名誉。

——叔本华

叔本华认为，名誉不过是表现在外的良心，而良心才是隐藏在内的名誉。对一个人而言，名誉仅仅是外在的，因为你的良心才是在内的名誉。当一个人成功了，他所收获的不仅仅是利益，还有名誉。名誉与身份、地位是相关联的，它只是一种象征，是一种隐语。不过，就中国传统文化而言，人们对名誉的重视程度丝毫不亚于对经济与金钱的重视程度。对某些达官贵人而言，名誉问题至关权位，这是必须尽力维护的东西。

在古代，人们看待名誉甚至比生命更重要，诸如古代的君臣，要穿什么衣服上朝，要在什么地点下跪，要以什么样的规矩书写奏折等，这些都是一种名誉的象征。对名誉问题呼声最高的莫过于“士可杀不可辱”，必要时可以用死亡捍卫名誉。虽然，在现代生活中，名誉并不如古代那般重要，但追逐名誉的人还是熙熙攘攘，络绎不绝。殊不知，有时候，名誉的光环只会笼罩一时，如果你一辈子活在这个荣誉的光环之下，那无疑是停止了自己前进的脚步，同时也局限了自己的人生目标。

居里夫人是一位卓越的科学家，生前曾两次获得诺贝尔奖金，107次获得名誉头衔。但正如爱因斯坦所说的：“在所有的著名人物中，居里夫人是唯一不为名誉所腐蚀的人。”

有一天，居里夫人的一个女友来她家做客，忽然看见她的小女儿正在玩英国皇家学会刚刚奖给她的一枚金质奖章，大吃一惊，忙问：“居里夫人，能够得到一枚英国皇家学会的奖章，这是极高的名誉，你怎么能让孩子玩呢?”居里夫人笑了笑说：“我是想让孩子从小就知道，名誉就像玩

具，只能玩玩而已，绝不能永远守着它，否则将一事无成。”

1910年，法国政府为了表示对居里夫人的尊崇，决定授予她骑士十字勋章，但是居里夫人拒绝接受。几个月后，她和杰出的物理学家、著名的天主教徒布朗利一起竞选科学院院士。但是，当时许多人反对妇女进入科学院。最后，居里夫人以一票之差落选了。失败的消息传来，居里夫人的助手们以及实验室工人内心里别说有多难受了。

青年物理学家们都在默默地准备一些安慰的言词，想给自己的导师一些慰藉。没想到居里夫人就像平常一样微笑着从她的工作室里走了出来。她非常平静，看不出有一丝一毫的苦恼，甚至没有对这次竞选说一句评论的话。大家非常钦佩，非常感动，仍像往常一样，又伴着居里夫人——这位把名誉看得淡如水的女性一起搞科学实验了。

两次获得诺贝尔奖金，这对于普通人而言，是何等的殊荣。但对居里夫人而言，却是：“我是想让孩子从小就知道，名誉就像玩具，只能玩玩而已，绝不能永远守着它，否则将一事无成。”名誉只是暂时的，它所闪耀出来的光环也是一时的，如果你仅仅依靠这个名誉过日子，那最后，可能连最初那点光环也会渐渐地暗淡下去。

莱特兄弟，也就是维尔伯·莱特和奥维尔·莱特，他们是美国发明家。1903年他们成功地完成首次飞行试验后，兄弟两人名扬全球。虽然成为世界知名人物，然而他们却完全没把声名放在心上，只是默默地工作，不写自传，不参加无意义的宴会，也从不接待新闻记者。

有一次，一位记者要求哥哥维尔伯发表讲话，维尔伯回答说：“先生，你知道吗，鹦鹉喜欢叫得呱呱响，但是它却怎么也飞不高。”

还有一回是弟弟奥维尔的故事。奥维尔和姐姐一起用餐，吃到一半，奥维尔顺手从口袋里摸出一条红丝带擦嘴，姐姐看见了问他：“哪来的手帕这么漂亮？”

奥维尔毫不在意地说：“哦，这是法国政府发给我的荣誉奖章，刚刚嘴巴沾油没手帕用，我就拿来擦嘴了。”

不可否认，名誉是对一个人成功的奖赏，对其本人而言，应该值得回味。但与此同时，名誉也是一个休止符，如果你既满足于目前所拥有的名誉，不再奋斗，甚至将所有的心思都花在了如何保持自己的名誉上，这样只会让自己停止了前进的脚步。

因为放不下名誉，一些人一味地追求虚名与浮利，紧张忙碌，疲于奔命，最后在周围喧闹的欢呼声中迷失了自己。因为放不下名誉，他们害怕受打击，墨守成规，小心翼翼，满足于自己目前所取得的成绩；因为放不下名誉，他们东奔西跑，请客送礼，只为保住自己的名誉，但最终与他们之前取得的名誉背道而驰、渐行渐远。

哲学启示：

其实，名誉本身无所谓好坏，最关键的在于你如何看待。人们往往容易忘却过去的失意愁苦，却舍不得那些名誉带来的耀眼光环。殊不知，只有告别过去，我们才能投入当下创造新的生活。学会看淡名誉，轻松前行，我们将会走得更远。

人之痛苦，源于贪欲过盛

人是欲望和需求的化身，是无数欲求的凝结。

——叔本华

叔本华认为，人是欲望和需求的化身，是无数欲求的凝结，那么人之所以痛苦，是因为想拥有的东西太多了，而这来自于心中的贪念。人生在世，贪什么呢？一为名，二为利。人生之名利如猛兽，生不带来死也带

不走，看透说不透才是真正的智者。佛家说：“打透生死关，生来也罢，死来也罢，参破名利场，得了也好，失了也好。”名利，说白了，不过是身外之物。一个人从呱呱坠地开始，越是长大，他追逐名利的思想就越来越厉害。从古至今，人们无时无刻不在为名利而追逐，尔虞我诈，不惜血本，有的甚至以牺牲生命为代价，有的人为了一时既得的利益，竟然违背自己的良心，这种对名利的追逐其实就是一种人生的痛苦与悲哀。佛家说，假如真的能看透生与死，那也就看透了人们的生死虚妄。一个人，得名利时，如果十分欣喜，那就是一种生，也是一种死；一个人，失去名利时，如果痛苦万分，同样也是一种生，也是一种死。

据说造物主在创造蜈蚣时，并没有为它造脚，但它仍可以爬得和蛇一样快。

有一天，它看到羚羊、梅花鹿和其他有脚动物都跑得比自己快，心里很不高兴，便说：“哼！脚越多，当然跑得越快啊。”于是，他向造物主祷告说：“造物主啊，我希望拥有比其他动物更多的脚。”

造物主答应了蜈蚣的请求。他把很多很多的脚放在了蜈蚣面前，任凭它自由取用。蜈蚣迫不及待地拿起这些脚，一只一只地往自己身体上贴去，从头一直贴到尾，直到再也没有地方可贴了，它才依依不舍地停止。它心满意足地看着满身是脚的自己，暗暗窃喜：“现在我可以像箭一样飞出去了！”

然而，等它想要开始跑步时，它才发现自己完全无法控制这些脚。这些脚都在各走各的，所以蜈蚣一定要全神贯注，才能使一大堆脚不致互相绊跌而顺利地往前走。这样一来，它走得比以前更慢了，而且还累得够呛。

佛祖说，满足不在于多加柴草，而在于减少火苗；不在于积累财富，而在于减少贪念。贪念多的人，尽管从表面上看得到了很多，但最后得到的往往更少，还有可能成为痛苦的奴隶。很多时候，人之所活得累，不是因为拥有的东西太少，而是想要的东西太多。只有懂得把握分寸，适可而

止，才能享受到生活的平静与快乐。

有个富人尽管拥有很多财富，但却总感觉不到快乐。他已经厌倦了当下的生活，便决定到美丽而神秘的远方去寻找快乐。一天，富人背上许多金银珠宝出发了，他要去远方寻找快乐。

背负沉重包袱的他上路了。可是，他发现自己走得越远就越是烦躁，觉得根本就不可能有所谓的快乐。走遍了千山万水的他，累得气喘吁吁，根本就没有心思去欣赏野外的风景，体会那闲云野鹤般的悠闲自在。

一天，一位衣衫褴褛的农夫唱着山歌从对面走了过来。富人忍不住问农夫：“你看上去很快乐，对吗？”

“呵呵！是的，我觉得自己很快活！我刚从田地里回来，我的秧苗又长高了一截；在路上，我又幸运地捡到了一些柴火和蘑菇！”“我什么都不缺，你看我背上有这么多宝贝，可我就是感觉不到快乐，你能告诉我快乐的秘诀吗？”农夫憨厚地笑了笑说：“哪里有什么秘诀啊？想快乐很简单啊，只要你把背负的东西放下来就可以了。”

富人忽然顿悟。是啊，自己背着那么沉重的金银珠宝，腰都快被压弯了，而且一路上担心的事情也太多了：晚上住店时害怕财物会被人偷走，白天走在大街上担心身上的东西被别人抢了去，带着太重不方便，丢下又舍不得。自己成天忧心忡忡、惊魂不定，又怎么能快乐得起来呢？如果自己只带够用的银两，然后把心思单纯地放在欣赏身边的自然风光上，或者把身上的金银财宝分发给穷人，让别人得到快乐，也许自己不但能轻松，也能收获快乐！

富人真的这样做了，结果他发现，没有了沉重的包袱，他获得了轻松和快乐，另外，他还因为帮助了别人而快乐。原来，快乐如此简单，只要懂得放下，只要学会分享！

人生路上，每个人都背着一个空行囊行走，一路上，因为心中的欲望，人们会捡拾许多东西，诸如地位、权力、财富，一路捡拾，最后行囊便被装满了，因为沉重，所以快乐也就渐渐消失了。生活本来没有痛苦，

没有烦恼，没有忧愁，当欲望太多了，计较太多了，背负太多了，那痛苦、烦恼、忧愁和沉重便产生了。

哲学启示：

贪念越盛，痛苦越多，幸福便远离。而只有懂得节制欲望的人，才能享受到人生的真正乐趣，才能享受到生活的从容自在。

幸福，就是珍惜现在所拥有的

我们常常不去想自己拥有的东西，却对得不到的东西念念不忘。

——叔本华

人很容易被欲望控制，总在不断地追求，在乎更多的获得，忽视已成事实的失去。例如，当一个人拥有了学士学位之后，他多少会希望再获得一个硕士学位或者博士学位；当一个人有了金钱之后，他自然就会想再多获得一点儿权势；当一个人有了一百万之后，他便开始希望拥有一千万；当我们拥有了什么之后，我们就会想拥有得更多，无论是财富、权力、资源、名声、地位，皆是如此。

世界上所有的事情，都是相对的，都有得失两面性，今天看来是“得到”的事物，也许就埋藏着明日“失去”的因子；同样地，明日的“失去”，也可能蕴藏着日后的“获得”，而人生正是在这样一连串的“得中有失，失中有得”的过程中建构、获得。

在一座很灵验的寺庙里住着一只蜘蛛，由于每天都呼吸着寺里的空气，日子久了他也有了灵性，在他修炼了1000年的时候有位游历的高僧路过此处，来到寺里，在临走时抬头看到了盘结在网上的蜘蛛，于是问他：“蜘蛛，你认为世界上最珍贵的是什么？”蜘蛛答道：“未得到和已失去。”高僧笑笑离去了。

过了不久春天到了，一阵微风把一颗露珠吹到了这个寺里，刚好结在蜘蛛网上，阳光下露珠晶莹剔透，特别好看，蜘蛛很开心，每天像珍宝一样爱护它。很快1000年又过去了，高僧再次来到寺里，送经完毕又看到蜘蛛，这时的蜘蛛已经有1000年的道行了，高僧又问同样的问题，蜘蛛也同样回答。高僧笑笑又离去了。

秋天来了，一阵风把露珠刮走了，蜘蛛伤心极了，可是于事无补。高僧第三次来的时候，没有问蜘蛛问题，却说蜘蛛你对你的答案改变吗？蜘蛛答道：“不变。”高僧说：“那好，我让你转世去人间回来你再告诉我答案。”

于是蜘蛛转世为一个大户人家的小姐，名叫蛛蛛，几年过去蛛蛛已经出落得十分美丽，16岁时皇上为太子选亲，很多名门闺秀都去参加，其间蛛蛛偶遇武状元甘露，他文武双全，英俊潇洒，蛛蛛暗暗喜欢他。觉得甘露和她相识是冥冥中自有安排。但不久的诏书却让蛛蛛万万没有想到，皇上将蛛蛛许配给太子芝草，把公主清风许配给了甘露。

蛛蛛很伤心，于是觅死，她的灵魂见到高僧，于是问高僧这到底是为什么？高僧告诉她：甘露就是当年那个晶莹剔透的露珠，但是露珠是由风带来的，自然也由风把他带走。而现在的太子芝草当年是长在圆音寺门口的一株小草，由于修炼多年转世去了人间。他爱慕了你3000年，可是你却从来没有低头看过他一眼。蛛蛛听完高僧的话将魂魄复体，看到身边为她伤心准备自刎的芝草太子，刹那间痛苦万分，于是上前夺去太子手中的剑，抱在了一起。

此时高僧出现，问蜘蛛，“蜘蛛，世界上最珍贵的是什么？”蜘蛛答道：“不是未得到也不是已失去，而是珍惜现在的每一刻。”高僧听后满意地笑了。

人生中的得到与失去，像钟摆一样，永不停息。而人却总是在失去以后对往事有所眷恋，也许这就是人的本性。拥有的时候不懂得珍惜，失去了才知道它的价值。然而，许多人却经常忽略这么一点：拥有的反面就是舍弃，得到的反面就是失去。

因此，我们不应该忽略失去与得到是一体两面，也不应该永远只关注其中的一方面，却忽视了另一方面，更重要的是，我们应该从事物的得失之间找到平衡点！那就是珍惜现在，珍惜拥有。

女孩对她的男友说："我是一条鱼，一条自由自在的鱼。"男孩听了笑笑，轻轻地回应她说："如果你是那条鱼，那我就是水！"

女孩问男孩说："为什么？"

男孩回答说："我就像是在鱼旁边的水，任由她呼进、呼出、呼进、呼出，但是我仍然甘心为了你这么做，因为我知道你是一条独特的鱼，可是现在我却想离开你。"

女孩听了非常吃惊，问男孩是因为什么。男孩接着说：

"因为水也是自由自在的，它可以以各种各样的面貌在世界旅行，而我现在却一直生活在一个玻璃缸中，陪伴着一条鱼，原本我觉得这是值得的，因为这条鱼吸引我，但是我是水，我不想被蒸发，我一直祈祷着有一天，能和鱼一起回到河流中，而不再只是受限生活在玻璃缸中。但是你却喜欢在玻璃缸中任人欣赏，享受被人疼爱的那种感觉，所以水对于鱼来说，永远只是她的配角。因为总是在身边，你已经习惯了，所以我的好，我的价值似乎不在了，也被你所忽略了……"

人经常会忽略周围一切的人、事、物，因为习惯反而忽略了它的重要性。本以为自己已经牢牢获得的爱，就这样悄无声息地溜掉了，根源就在于轻视而不珍惜。

在人生的长河里，生命只是它匆匆奔流时涌起的浪花，那样奇妙又那样短暂。珍惜眼前的一切，抛开无谓的烦恼，努力走好自己美丽的人生之路。

哲学启示：

叔本华认为，幸福生活原来就是“简单”二字。在简单中平凡，在平凡中拥有，在拥有中珍惜。然后和相爱的人一起慢慢变老，一起穿越百年，相依相守，健康长寿。

第08章　存在本身，就是意义

人生而是痛苦的，痛苦是伴随着人的生命意志的存在而存在的。世界是作为意识的表象而存在，自然万物只有其存在意识，从而衍生出表象。存在本身就是意义，即便绝望，也不要选择结束生命，因为存在是有意义的。

自杀是一种逃避的生存方式

> 唯一可接受的自杀方法是自行饿死。
>
> ——叔本华

叔本华不赞成自杀，因为自杀行为正是肯定了意志本身的显现。用叔本华的原话，则是“唯一可接受的自杀方法是自行饿死”。这是在告诫人们，别选择自杀的方式结束生命，除非你愿意自行饿死。不管发生什么事情，人应该有活下去的勇气，而不是选择结束自己的生命。

自杀是指个体在复杂心理活动作用下，蓄意或自愿采取各种手段结束自己生命的行为。自杀这个念头，在一开始就是错误的行为。尽管选择结束自己的生命，但这个世界除了你依然运转着，而且没有丝毫变化，最终只会给身边的人带来莫大的伤痛。那些有了自杀念头的人，在认知上错误地觉知或解释外界的刺激，在思考上有不合逻辑的推论形式，而令个人形成负向的感受、较低的自尊甚至形成罪恶感或无助感，最后即可能造成忧

郁。当然，大部分的自杀都是遭受生活重大变故而产生的念头及行为。

王先生和王太太是一对普通的中年夫妻，王先生上班挣钱，王太太做着水果生意，一家三口的生活虽不算富裕，却其乐融融。22岁的独生子高中毕业后，便跟着老乡到济南一家超市打工，没想到还不到半年，儿子意外溺水身亡。痛失爱子成了王先生和王太太夫妇无法承受的痛。王太太总是喃喃自语："他根本不会游泳，他怎么会下湖呢？"

独生子走了，王先生和王太太失去了全部的希望和活下去的勇气。面对整日以泪洗面的妻子，坚强的王先生强忍悲痛，想尽各种办法逗妻子开心。令人没想到的是，儿子去世半年后，王太太逐渐从失子的阴影里走了出来，而作为家庭顶梁柱的王先生却倒下了。他会狂躁地大发脾气，胡乱地摔东西。经过专业医生诊断，王先生患上了严重的精神分裂症。

王太太只能待在家中照顾"狂乱"的丈夫，根本无法外出打工赚钱养家。由于家庭经济困难，王先生夫妻俩买不起房，一直靠租房生活。没过多久，王先生再次发病住进了医院，王太太不得不辞掉保洁的工作照顾丈夫。住院期间，王先生又发生意外——食物呛进肺部，生命垂危，被紧急送往市二院急救，命总算保住了，但十几天就花费了数万元，这对于一个低保家庭来说，简直是笔沉重的经济负担。

王先生出院后，王太太又病倒了，精神变得恍惚，连吃没吃饭都不知道，嘴里不停地念叨着"儿子当兵去了，我找儿子"。之后，王先生的大哥不得不带王太太到医院检查，她被诊断为精神异常。

在中国，失独父母是一个庞大的人群，几乎每年新增失独家庭高达7.6万个。失独父母一方面承受失去子女的悲痛，又面临着养老、医疗等难题。走不出中年丧子的哀痛，无处安放的暮年，往往让他们陷入绝望的泥潭。有58%的丧失子女的父母觉得自己活着都没有意义了；有77%的丧失子女的父母觉得自己丧失了生命目标。

自杀行为的形成相当复杂，涉及生物、心理、文化及环境因素，根据精神医学研究报告，自杀的人70%有忧郁症，精神疾病者自杀概率更是高达

20%。在社会环境因素中社会的脱序现象，诸如暴力、犯罪、毒品、离婚、失业等，以及个别情况因素中的家庭问题、婚变、失落、迁移、失业、身体疾病、其他自杀事件的影响与暗示等，都是导致自杀的成因。当然，任何单一因素都不是自杀之充分条件，只有当它们和其他重要因素合并发生时才发生。

雯雯由于丈夫有了外遇，去年10月跟丈夫离婚了。

她带着3岁的女儿回到了娘家。回家后父母都不愿意提及她的伤心事，希望通过给她介绍新的男友让她尽快走出来，但是她觉得没有必要，不但不去相亲，连以前经常联系的好朋友也不想来往了，她感觉自己是个被抛弃的人。想当初她在众多的追求者中选择了丈夫，因为他踏实可靠，原以为可以相伴一生，结果才发现那是个谎言，这也彻底击毁了她的自信心。她常常陷入无法排遣的孤独感和自卑感中，甚至想一死了之，可看到女儿无辜、纯洁的眼睛，雯雯又不忍心扔下她。

离婚给夫妻双方特别是女性所带来的精神创伤是难以想象的，给女性带来的主要心理创伤是失落、孤独、自卑，这一系列的情绪痛苦会严重损坏人的身心健康。那些离婚后感觉自己活不下去的女性朋友，是希望逃避现有的人生境遇，在她们看来自杀可以让自己得到很好的解脱。

事实上，自杀并非能改变什么，反而会给家人带来沉重的伤痛。就中国传统思想来说，身体发肤受之父母，是父母给予了自己健康的身体及灵动的生命，如果仅仅因为一些生活上的变故而选择自杀，无疑是一种自私的行为。你是否认真地想过，当自己离开这个世界之后，父母会怎样？身边的亲人会怎样？这样就会明白，活着有多么重要，不管是对于自己还是身边的人，都将是一段更好的人生旅途。

哲学启示：

对于想要自杀的人，应该铭记：所有发生于我，对每一个人来说它都会是相同不愉快的经验。没有任何理由需要独自扛下全世界的重担，心中的痛苦与恐惧只要说出来，就会像放下重担，让我松口气。若有需要，可以向家人与朋友寻求协助。

渺小的存在胜过伟大的虚空

即便最渺小的存在，也胜过伟大的虚空。

——叔本华

人为什么活着？这是一个古老的问题。人为什么活着？人活着是为什么？生命到底有没有意义、价值、目的？是为了活着而活着？是为了找到爱与幸福？是为了发展完善全面自身？是为了努力向上爬，追求更真更善更美？是为了穷尽一生获取幸福？假如这一切都实现了，那以后的我们又是为什么而活着呢？现代社会，有几个人为寻找活着的意义而活着呢？有几个人活着的意义就是为了寻找活着的意义？人活着，一种是对死的恐惧，一种对生的感恩。人的本能都有一种抗拒死亡，厌恶死亡，或许有的人，并没有认真地思考过活着是为什么，只知道，活着就是活着，至少我还活着。当“生”渐渐地变成一种坚强的生命，把死像一只蚂蚁一样踩在脚下的时候，有人开始问自己生的意义，因为已经没有了强大的敌人，让“生”感觉到孤单。

于娟，《此生未完成》的作者，一个复旦大学青年教师，一个两岁半孩子的母亲，一个40岁男人的妻子，两个六旬老人的女儿，一个乳腺癌晚期患者。她在《此生未完成》中写道：“我的房间很小，我就把窗户开得很大；我的感情很重，我就把诺言许得很轻；我的往昔很空，我就把今天填得很满；我的喜悦很少，我就把笑容积得很多。”

于娟要用多大的代价，才能认清活着的意义。对她而言，只是珍惜最后的时间，勇敢地作最后的努力，和病魔作斗争，以最大可能的陪伴来报答家人的恩情。哪怕自己身患绝症，但在她身上洋溢的却是“生”的快乐。

于娟在《此生未完成》中写道：

有些事情，电影也好，BBS也好，K歌也好，想想无非感官享受，过了那一刻，都是浮云。唯一踩在地上的，是你健康的身体。

我曾经的野心是两三年搞到个副教授来做做，于是开始玩命地想发表文章搞课题。虽然对实现副教授的目标后该干什么，我非常茫然。为了一个不知道是不是自己人生目标的事情拼了命扑上去。不能不说是一个傻子干的事情，得了病我才知道，人应该把快乐建立在可持续的长久人生目标上，而不应该只是去看短暂的名利权情。名利权情，没有一样是不辛苦的，却没有一样可以带走。

生不如死九死一生死里逃生死死生生之后，我突然觉得一身轻松。不想去控制大局小局，不想去多管闲事淡事，我不再有对手，不再有敌人，我也不再关心谁比谁强，课题也好，任务也罢，暂且放着。世间的一切，隔岸看花，云淡风轻。

长大，对我来说是一个慢慢把年少轻狂时否定不屑的东西重新捡起来审视深味，然后心悦诚服，与万千年之前说出这短短数语的古人隔空莞尔共鸣。

在生死临界点的时候，你会发现，任何的加班，给自己太多的压力，买房或者买车的需求，这些都是浮云，如果有时间，多陪陪你的孩子，把买车的钱给父母买双鞋子，不要拼命去换什么大房子。和相爱的人在一起，蜗居也温暖。

人的一辈子，无常之处或许会见真情，当一些灾难发生之时，应该怎样学会与它共处，学会重新思考定义自己的人生，或许这才是每个人这辈子最艰难的功课。命运之神总不会一直眷顾着你，人生路上总会有磨难，假如我们遇到了，会不停地追问：为什么是我，我做错了什么？所有这些问题，从来不会给你答案，而命运之神则会平和地回答我们：为什么不能是你？任何事情发生的同时，单单是希望自己学会思考一些以往忽略的东西，学会看重一些平日看轻的情意，学会重新走路，重新认识关于一个生命的个体，生命存在的真正价值和本质的意义。

有人说，生就是爱，一种对生，对活着的爱，我们要懂得去爱上她。只有当我们爱上她珍惜她的生活，才会感觉到生的伟大，生的可贵。每个人都有一个磁场，它可以改变物质某些特质，而物质也会传达这种精神，所有的都是这样的循环，就好像一个画家一样，假如他是悲伤的，那么他的作品画出来，不管怎么样，画出来的作品都会透露出一种忧郁，当我们看到这些作品的时候，这些作品就会通过这位画家忧伤的传达，而传递到你的思想里面，或许这时你就会感到悲伤了。

哲学启示：

叔本华主张我们要善待生，善待死亡。其实，生也是需要一种快乐来支持的，有了这种支持，才会让生命更强大，更有力。不过，快乐也不是自己快乐了就快乐了，自己幸福了就幸福了，介质的传播，才是你快乐幸福的根源。只有使你周围产生因为生，因为活着，而透析出来的一种快乐，一种幸福，你才会领悟到活着的意义，才会发射出“生”的快乐。

死亡，以另外一种状态存在

在我们不幸的世俗生活中，死亡是上帝赐予人的最好的礼物。

——叔本华

尽管叔本华反对自杀，但他对死亡却有不同的见解。他说：“死亡是给予哲学灵感的守护神和它的美神。”在他看来，死亡并非什么不好的事情，他的论点基于他的形而上学，即一切事物必有其生成的原因。他认为人们对于死亡最大的恐惧在于他们无法想象这样一个事实：我死了，但这个世界却仍然运行着，而这个观点的错误在于人们认为死亡代表了自己的表象归于无。叔本华认为人类的出生和死亡都有其内在的原因，而一切事物的变化都只在于表象之间。出生只是从前一状态转变而来的，所以不是一种无的状态。同样，死亡也不是归于无，而只是以另外一种状态存在于表象世界中。

传统的对死亡的认识要么是让人们回避死亡，以求生为最高价值和目标，要么就是鼓励人们漠视生命，而以求死为最高价值和目标。前一种看法必然会导致享乐主义，而不能揭示生命由生到死的规律所在，后一种看法则是禁欲主义和宗教对死亡的“美化”埋下了伏笔。显而易见，这样的生死观没办法给予人们慰藉，反而会加重人们的思想负担。

日本电影《入殓师》讲述了一个关于“生与死”的故事：

由于乐队解散，大提琴手小林大悟就此失业。他和妻子美香一起离开东京回到了老家山形县。然而即使在山形，没有一技之长的大悟还是很难找到工作。

“年龄不限，高薪保证，实际劳动时间极短。诚聘旅程助理。”一则条件惹眼的招聘广告吸引了大悟，不料当他拿着广告兴冲冲跑到NK事务所应征时却得知——“啊，那个是误导，我们要找人给去那个世界的人当助理。”事务所老板佐佐木向大悟说明了工作性质，所谓的“旅程助理”其实就是入殓师，负责将遗体放入棺木并为之化妆。

大悟踌躇良久，但还是接受了这份工作。他含糊其辞地对美香说自己当的是婚葬仪式助理，让她误以为是婚礼助理。人妖青年、舍下幼女去世的母亲、带着无数吻痕寿终正寝的老爷爷，在各式各样的死别中，大悟渐渐喜欢上了入殓师这份工作。

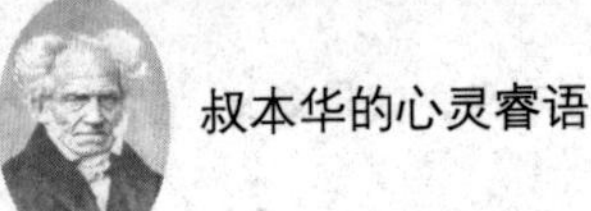

“死亡，就是一扇门啊，它不意味着生命结束，而是穿越它，进入另一个阶段……作为守门人，送很多人穿越这道门，对他们说声路上小心，我们后会有期……”

人生在世尽管有烦恼、畏惧、死亡，不过绝不应该悲观厌世、逃避现实，而是应该给生命以更高的价值和意义。叔本华鼓励人们先行到死中去，从而可以超脱本身以外的一切去关注自己的生，从而领悟生的意义，实现人“本真的在”。

死亡作为此在从开始存在就始终伴随着此在存在的方式和过程，它与生一样，都在此在的存在中显示出自身的存在性，死不是生命终结之时才到来，而是贯穿于生命存在的每一个瞬间。人只要存在着，他就要承担死亡，不管其原意与否，尽管死亡是生命的消亡，不过并非意味着空无，它也有着真实的存在性。死亡的存在，从根本上说是生命存在的意义之所在，它比生命更能揭示人生之价值所在。

颜回欲去卫国帮助卫君，向孔子辞行开篇，孔子告诫颜回道：“古之至人，先存诸已而后存诸人。所存于已者未定，何暇至于暴人之所行！”之后又借孔子之口讲古人如何因为好名好实而丧身的故事，告诫人们不要受名实之欺骗而残害生命论文联盟。“且昔者桀杀关龙逢，纣杀王子比干，是皆修其身以下伛拊人之民，以下拂其上者也，故其君因其修以挤之。是好名者也。昔者尧攻丛枝、胥敖，禹攻有扈，国为虚厉，身为刑戮，其用兵不止，其求实无已。是皆求名实者也，而独不闻之乎？名实者，圣人之所不能胜也，而况若乎？”以此告诉颜回，既不要求名，也不要求实，二者皆会令人丧生。

如何从容地面对死亡，保存生命的尊严直到最后时刻，这是每个人内心深处共同的渴求。海德格尔的生死观为我们提供了一种精神上的终极关怀：死亡既是人类的终点，同时也是探索人类价值的出发点。正是因为有了死亡，人才会真正认真思考生存的价值和意义。死是生的前提，有死才会有生，生死相继，才是一个完整的生命过程。

死，从来就不是生的对立面，它本来就属于生的一部分，我们只有积极应对死亡的挑战，直面死亡，体验死亡，才能求得精神解放。简单地说，学会了死，才懂得活，海德格尔不仅仅属于过去的某个时代，不仅属于今天，更属于遥远的未来。

不过，人生是开放的，存在着无限的可能。此在作为一种先行于自身的在，意味着它必定不是现成的存在物，而总是要不断超越自己，不断筹划、设计、选择自己，以显现自己的多样性。

生死都是自然变化，一个人只要把自己和自然融为一体，超越人世古今之变，就可以齐生死，不再恋生患死了。人与自然本是一体，出于自然，又归于自然，无所谓生死。它教人看破人生的有限，把小我化入宇宙的大我，达于无限。

哲学启示：

死亡是不可超越的，任何人都不能逃脱死亡的控制，人生从刚开始就注定要以死亡来结束。死亡作为此在存在的界限，标志着死亡“大限”的所在，使得此在所有可能性的存在终将成为不可能，它揭示了人的生命的有限性。

活着，就是为了改变世界

为什么在我们年轻时我们面前的生命之路总是显得无比漫长？因为我们不得不找寻空间塞满我们无限的希望。

——叔本华

叔本华认为，为什么在我们年轻时我们面前的生命之路总是显得无比漫长？因为我们不得不找寻空间塞满我们无限的希望。因为活着，就是为了改变这个世界。活着是为了什么？我们始终坚信一句话："活着，就是为了改变世界。"这是一句多么令人振奋的话。我们所生活的世界是多姿多彩的，每时每刻都在改变着。在远古时代，由于原始人类发明的甲骨文，这标志着人类进入了文明时代。在我国的封建社会东汉时期，因为蔡伦对造纸术的改进，这使得世界范围内的信息得以传播。就在20世纪80年代，由于互联网的发现，使得世界变得更小了。确实，就在下一刻，世界或许会因为你我的发现而发生翻天覆地的变化。这是丝毫不值得怀疑的，当我们怀着一颗富有创新精神与坚持不懈的心，善于去发现身边的新事物，世界将会因为我们而发生变化。

2011年10月5日，苹果公司创始人史蒂夫·乔布斯在家人的陪同下走完了传奇的一生。童年时，他发誓要做一个"颠覆宇宙"的人。后来，他真的做到了，用他的话说："活着，就是为了改变世界。"

1976年，乔布斯与史蒂夫共同创办了苹果公司，创造了世界上首台个人电脑"苹果I"，引领了个人电脑的革命。而他在1977年发布的"苹果II"电脑成为影响最大的一款个人电脑。

1984年，苹果推出用鼠标在图形界面操作的新系统，再次颠覆了计算机行业。不仅如此，乔布斯还改变了生活娱乐方式。他不仅在科技行业取得了巨大的成就，在娱乐行业也取得了突破性的成绩。他将苹果发展成为全球最大的音乐零售商，于是在2001年，苹果发布了第一代iPod，到了2003年发布了itunes应用程序，用户可以从itunes商店付钱下载音乐到iPod上。这一措施改变了唱片业的生存状态，即便是歌曲被下载了，但唱片上依然可以有部分利润收入。引导人们使用互联网，以及消费音乐、电视剧、电影和图书的方式方面，乔布斯是一个关键人物。

在超过30年的职业生涯中，乔布斯改变了硅谷。他把硅谷这一气氛慵懒的"大农村"变为科技行业的创新中心。可以说，乔布斯奠定了当代科

技行业的基础。乔布斯已经证明，产品的良好设计比技术本身更重要，他改变了笔记本电脑、消费电子和数字媒体行业。他通过出众的广告宣传和独特的零售商店来推广以及销售产品，而苹果同时则成为流行文化的偶像。

乔布斯是世界著名苹果电子公司的CEO，多次被评选为《时代》杂志的封面人物。假如问他的什么是最令人佩服的话，那就是创新与不断开拓进取的精神。从平板电脑到液晶电脑，从iPod系列再到如今的iPhone系列，这当中的一切都是他不断实践与创新的结果。这一切改变了世界，使整个世界真正地走向了电子化，使世界上的信息实现全球化，方便了人与人之间的沟通与交流。

杰弗里·波蒂洛小学六年级的时候，考试得了第一名，老师送给他一本世界地图。

波蒂洛很高兴，跑回家就开始看这本世界地图。很不幸，那天正好轮到他为家人烧洗澡水。波蒂洛就一边烧水，一边在灶边看地图，看到一张埃及地图，他想："埃及很好，埃及有金字塔，有埃及艳后，有尼罗河，有法老王，有很多神秘的东西，长大以后如果有机会我一定要去埃及。"

当波蒂洛正看得入神的时候，突然有一个大人从浴室冲出来，胖胖的身体围一条浴巾，用很大的声音对他说："你在干什么?"波蒂洛抬头一看，原来是爸爸，赶紧说："我在看地图。"

爸爸很生气，说："火都熄了，看什么地图?"波蒂洛说："我在看埃及的地图。"爸爸跑过来给他两个耳光，然后说："赶快生火!看什么埃及地图?"打完后，又踢了波蒂洛一脚，把他踢到火炉旁边去，严厉地说："别做白日梦了，你这辈子不可能到那么遥远的地方!赶快生火。"波蒂洛听了，呆愣地看着爸爸，心想："爸爸说的是真的吗?我这一生真的不可能去埃及吗?"

20年后，波蒂洛第一次出国就去了埃及，他的朋友都问他："到埃及干

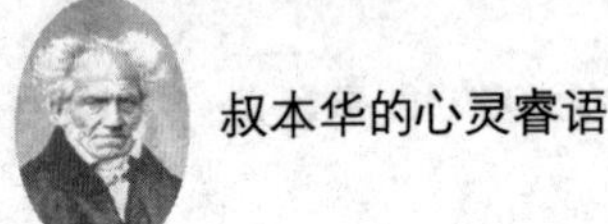

什么?”波蒂洛说:“因为我的生命不要被保证。”

波蒂洛坐在金字塔前面的台阶上，买了张明信片准备邮给爸爸。他写道:“亲爱的爸爸:我现在在埃及的金字塔前面给你写信，记得小时候，你打我两个耳光，踢我一脚，保证我不能到这么远的地方来，现在我就坐在这里给你写信……”

杰弗里·波蒂洛曾说:“只要不把你的命运交给别人，你就能决定自己的命运。”这是一种多么催人奋斗的自信啊!一个人想要成功必须具有自信。不需要依靠别人，自己的人生，由自己操纵掌控。

或许，我们就像那位案例中波蒂洛一样，最初是希望自己能开拓世界，成就梦想。不过，随着时间的流逝，我们的斗志消失不见了，因此我们才难以去开拓世界。然而，只要我们保持波蒂洛那样的自信与奋斗精神，始终相信梦想是可以实现的，那我们就会真的成为可以开拓世界的人。

哲学启示:

叔本华认为，活着，我们可以做更多有意义的事情。世界的车轮每时每刻都在向前滚动着，世界每一秒都在运动与变化中，只要你我拥有不断开拓进取与坚持不懈的精神，善于发现事物，那么世界便等着你我去改变。在人生的前进旅途中，我们要相信自己，即便自己是一个毫不起眼的小人物，也要坚信我们可以改变世界，哪怕是一点点的改变，我们也应该感到知足。

活着，努力奋斗是人生需要

为克服困难、阻碍而努力奋斗是人的一种需要，这道理跟钻洞之于土拨鼠为必不可少是一样的。

——叔本华

我们每一个人都需要保持终身不变的理想：为自己奋斗。这是活着的终极目标，在我们的人生历程中，自己希望成为一个什么样的人呢？国家元首、企业家、艺术家、演说家、经济学家，还是仅仅是一个善良的人。其实，这一切都将取决于我们，也就是为自己而奋斗。因为我们的命运由我们自己主宰，为了实现自己的人生价值，没有人可以取代我们。我们一定要为自己而奋斗，在我们的内心深处，都存在着一种潜意识，也就是我们付出了什么，我们就会收获什么。

大约在五十年前，一位小女孩诞生在田纳西州那士维市郊。她的身体有严重的缺陷，致使她不能像一般人一样走路。虽然她有一个温馨的基督化大家庭，可是，当兄弟姊妹在外头享受奔跑和玩要的乐趣时，她却必须被支架所限制。

父母亲定期带她到那士维接受物理治疗，但那个小女孩痊愈的希望仍甚渺茫。“我可能像其他小孩一样，跑步和玩要吗？”她问父母。

“亲爱的，你只要相信，”他们回答：“你若相信，神就能叫这事发生。”

她把父母的话记在心中，相信神能使她不必靠支架走路。她常瞒着父母和医生，靠兄弟姊妹的帮助，练习解开支架走路。在十二岁生日那天，她当着父母的面前解下支架，不靠别人搀扶，自己在医生的办公室周围绕行。此举令她的父母大感意外。医生简直不能相信她的进步，她从此不必再依靠支架走路了。

她的下一个目标是打篮球。她继续运用信心和勇气——和她未曾发育的双腿——去参加学校篮球队。教练挑了她的妹妹入队，却拒绝了她。她的父亲，一位智慧和亲爱的先生，告诉教练："我的女儿们是一对。你若要其中一个，另一个也要接受。"教练只好勉强让她加入。于是她得到一件过期的制服，被允许跟其他队员一起练习。

一日，她去找教练。"你若每天多给我十分钟训练，我就给你一个世界级的选手。"教练笑了，但他知道这小女孩是认真的。十六岁那年，她成为全国最佳的年轻选手，被选派参加在澳洲举行的奥林匹克运动会，跑四百米接力赛的最后一棒，赢得了铜牌。她对这样的成就并不满意，于是再接再厉，四年后再次参加1960年的罗马奥运会。那一次，维玛·鲁道夫（Wilmna Rudolph）赢得一百米短跑，二百米短跑，又在四百米接力赛中的最后一棒中夺标，为全队赢得胜利。当年她更锦上添花，被选为全美最佳业余运动员，获得极高荣誉的苏利文奖。

如果有人问她为什么会这样成功，她会回答：因为我一直在为自己而奋斗。在这个世界上，没有什么理由更适合成为理由了。在通往成功的路途中，有的人始终找不到前进的方向，其实并不是他们缺少能力，而是在于他们尚未明确自己到底是为了什么而奋斗。自己，当然是自己，难道这个世界还有比自己更重要的人值得去奋斗吗？因为我们所奋斗的是自己的人生，与别人一点儿不沾关系。

每个人都会有一种为自己奋斗的理由。生活在这个世界，我们始终要坚定一种信仰，那就是终身为自己的理想而奋斗，没有什么比这个走向成功更捷径的路途了。为自己而奋斗，我们才会竭尽全力地昂首向前，我们才不会有一丝的保留。

伊尔·丰拉格是美国历史上第一位获得新闻界最高奖——普利策奖的黑人记者，是美国黑人的骄傲。

但是，丰拉格小时候却非常厌恶自己的出身。他因为自己的肤色而自

卑孤僻，甚至绝望地认为自己将来不会有任何出息。父亲带儿子去荷兰参观了凡·高的故居。在看过那张小床及裂了口的皮鞋之后，儿子困惑地问父亲：“凡·高不是位百万富翁吗？”父亲答道：“凡·高是位连妻子都没娶上的穷人。”

听了父亲的介绍，儿子若有所思。父亲用厚实有力的大手抚摸着儿子的头说：“孩子，你看，上帝并没有看轻卑微，伟人原来也不过是一介草民。”听了父亲的话，丰拉格改变了，不但对自己的未来充满了自信，而且对大千世界产生了浓厚的兴趣。他立志要成为一名记者，走遍全世界。

从此，丰拉格开始为理想不懈地奋斗。大学毕业后，他如愿以偿地成为一名新闻记者。但是风无常顺，兵无常胜，他很快遭到了白人的排挤。有一次，一个白人记者公然将丰拉格辛苦了一个多月的采访稿件据为己有。丰拉格当时很气愤，找到主编，希望能讨个公道。结果事与愿违，主编竟然偏袒那个白人，根本不相信他的申辩。

这件事使丰拉格再次看清了社会的现实和人生的坎坷，但是他仍然坚信自己的未来。他不辞辛苦，深入各种险境，获取第一手新闻资料。最终，他凭借独特的新闻视角和理念获得了美国新闻界最高奖——普利策奖，开创了黑人获此奖项的先河。

在颁奖仪式上，丰拉格激动地说：“感谢上帝！上帝并没有看轻卑微，而将高贵的灵魂赋予每个人的肉体，无论是出身高贵的肉体，还是出身卑微的肉体。感谢父亲！是他给了我自信和新生。我的经历使我确信，凭借坚定的信念和艰苦的努力，黑人可以做成任何事情。每个人都是自己命运的设计师。”

在这个世界上，或许可以成为我们的偶像的人很多，但哪一个才是我们最值得期待的呢？当我们为自己的理想种下一颗种子，然后浇水施肥，每天坚持不懈，长久地下去，我们就真的朝着那个方向前进了。同时，我们也会成为当初自己羡慕敬佩的那个人，这时自己岂不是成了自己的偶像？

哲学启示：

只要你不把命运交给别人，那你一定能掌握自己的命运。生活中，或许我们会把身边那些优秀的人当作自己的偶像，在努力欣赏的同时，却在一旁自怨自艾，好像自己再怎么努力也成不了这样的人。其实，真的是这样吗？我们的偶像只能是别人吗？当然不是，当我们经过不懈的努力之后，我们依然可以成为自己的偶像。在人生的旅途上，引导我们继续向前的，不是别人，而是自己。

第3部分

灵魂的声音

每天行色匆匆，或为生活奔波，或为事业奋斗，你是否停下来，听听灵魂的声音。既然我们无法走在时间的前面，也没必要在后面不停地追赶着，否则只能随着时代的潮流不知道奔向何方，从而迷失自己。所以，听听灵魂的声音，这样才能真正品味生活之美好。

第09章　美与艺术，抚慰心灵

美与艺术，是人类心灵的救赎，它模拟自然，从而抚慰心灵、舒缓欲望、传达理想。人们常常说追求“真善美”，而美与艺术，恰恰彰显了其特点。当人们在遭遇某种伤痛的时候，一切美好的事物、富于艺术气息的事物，都能够给予人很好的安慰。

知识能改变一个人

无知只是在与财富结伴时才会丢人现眼。

——叔本华

知识，犹如一涌清泉，能给我们的心灵带来甘甜的快乐。学好知识，融会贯通，它将成就你的一生。知识是人生一种最好的时尚，它美不胜收。与知识同行的人，思维活跃，心境开阔，他们始终生活在一种和谐、宽容的环境里。知识是一个人的立身之本，他们或许学历并没有多高，但是，一定有内在的文化修养。在遇到事情的时候，他们大多能保持冷静的头脑，认真分析，从而得出解决问题的办法。有知识的人，他们从来不会乱说话，而是言必有据，每一个结论都是通过合理的推理而出，不会人云亦云，信口雌黄。高尔基曾说：“学问改变气质。”而知识将成就一个人的一生，它是气质、精神永葆青春的源泉。

张董事曾讲述了这样一段经历：“有一次，我正在争取一家大型购物

中心在台湾区域的代理权，跟我竞争的有另外一家食品公司，资产超过250亿人民币。我知道，开一家大型的购物中心，财力是相当重要的，而我的公司资产才不过1亿，但是，最终我还是胜利了。”

朋友好奇地问：“你到底有什么秘诀啊？事实上，1亿对250亿，如果我是你，我早就放弃了。”张董事笑了：“其实，我能获取最后的胜利，是因为知识。这个厂商是来自荷兰的一个企业，总裁只有四十岁，我跟他聊天，聊到最后，我就问他‘总裁啊，你到底是喜欢打高尔夫，还是喜欢游泳，还是喜欢慢跑呢？还有没有其他的嗜好？还是喜欢美术？’荷兰的总裁却说‘所有的成功者都是阅读者，所有的领导者都是阅读者，我当然最喜欢的就是阅读’。”

停顿了一会儿，张董事继续说：“阅读，我平时也很喜欢阅读，我询问他喜欢阅读哪方面的书籍，他说自己喜欢研究中国的哲学。而谈到老子这位哲学家，我已经有三十年的研究史了，我们都很兴奋，最后谈得这位荷兰总裁不亦乐乎，他对我的整个哲学理念很佩服，当即决定拜我为义父。你说，都这样了，我这个合约还签不下来吗？”

试想，假如张董事没有读老子的《道德经》，他将少赚59亿，而他多读了一本，就多赚了59亿。对于知识，我们要不要与之同行呢？万一你遇到的一个美国总统，他喜欢读庄子，怎么办？我们不难得出这样一个结论：一个人要成功，他的知识非常重要。因为与知识同行的人，无论自己身在何处，都能够显示出学识和聪慧兼备的优雅与自信，这就是学以致用的魅力。

海伦·凯勒，美国著名的女学者，她在一岁半时就因病成为一个盲聋哑人。后来，在家庭教师沙利文的热情关照下，她凭着自己顽强的毅力，学习了数学、自然、法语、德语，最后，以优异的成绩考取了哈佛大学女子学院。因为知识，她完成了14部著作，并把自己的一生献给了盲人福利和教育世界。知识，改变了她的一生。

第一次接触知识的时候，海伦·凯勒和老师沙利文在一起，老师带着

海伦走到喷水池边，要海伦把小手放在喷水孔下，让清凉的泉水溅在海伦的手上，接着，老师在海伦的手心写下了“water”这个词。那是海伦第一次感受到知识的力量，后来，海伦回忆说：“不知怎的，语言的秘密突然被揭开了，我终于知道水就是流过我手心的一种物质。这个词唤醒了我的灵魂，给我以光明、希望、快乐。”

后来，海伦·凯勒进入了位于马萨诸塞州的剑桥女子学校，在1900年秋季，海伦再申请进入哈佛大学拉德克利夫学院就读，这对于一个失明和失聪的女人而言，可说是难以置信。在哈佛学习四年之后，她以优异的成绩获得了文学学士学问，成为首位毕业于高等院校的盲聋哑人。

知识，成就了海伦·凯勒的一生，在她获得成功之后，她没有忘记那些生活在无声世界或黑暗世界中的孩子们。她将自己一生所学得的知识致力于盲人福利和教育工作，她希望更多的盲人孩子感受到知识的快乐。

对此，有人曾这样评价她：“海伦·凯勒是人类的骄傲，是我们学习的榜样，是人类善良的表现，相信她的事迹能成为后世的典范。”观察那些外表平平，甚至，带有欠缺的人，是什么成就了他们的一生呢？当然是知识，也只有知识，才能成就他们如此辉煌的一生。

时间会为读书的人带来皱纹，却夺不去她的睿智和善良；岁月为读书的人带来白发，却带不走他内在的魅力和修养。时间可以带走一切，却带不走那颗宽厚、智慧、纯真、善良而又骄傲的心，在逐渐老去的人生旅途上，有知识的人会走得更加从容，更加美丽。

哲学启示：

学知识要达到“理解”，甚至达到心体“豁然开朗，一片光明”的学以致用的境界，就必须放下自我。将知识很好地消化，让自己的心灵深入进去，与作者的思想、言论融为一体，这样才能将学到的知识融会贯通，并以此改变自己的人生。

艺术，给予心灵有效的慰藉

天才不受意志的支配，只面向美的欣赏，一切美所给予的欢悦，艺术所提供的安慰，使他完全忘却生活的烦恼。天才乐于孤独寂寞，一个人热衷于社交的程度恰正相当于他在理智上贫乏和庸俗的程度。

——叔本华

在古代，一个人若想成为君子，不仅仅是读书写字，更需要涉猎其他方面，比如文艺，以此陶冶心性，塑造全面而优良的素质。艺术既属于空间，也属于时间，它分别用线条与色彩、节奏与旋律来体现，有的人虽相貌平平，浑身洋溢的艺术气息却让她成为人群中的焦点，这就是艺术的魔力。我们不要做外表光鲜却里面空空的花瓶，学会培养高雅的情趣爱好，经受艺术气息的熏陶，品味花样生活。

有的人整天窝在沙发里看冗长的肥皂剧，有的人终日流连酒吧，有的人花大把大把的时间去美容院，他们之中没有人愿意抽出一点时间去看看画展，去听一听音乐会，经受艺术的洗涤。而那些懂得品味艺术的人，无论是绘画、音乐，还是文学，都能娓娓道来，自有独特的见解。这样的人，自然是别有一番风情在眉梢，隐约透出浓郁的艺术气息。

郭倩如，国际高等艺术管理学院艺术企业行政硕士。同时，她也是台湾罗芙奥股份有限公司总经理、睿芙奥艺术顾问公司总经理。至今为止，她是华人区唯一取得法国政府认证的鉴定拍卖官，主持过数十场国际级大型艺术拍卖活动，历创台湾每年单场拍卖的最高成交金额纪录。

也许，女人喜欢艺术的方式有很多种，但她却选择了艺术的鉴别与欣赏。虽然她已经步入中年，但却依然时尚雅致，深沉、温和而古典，嘴角

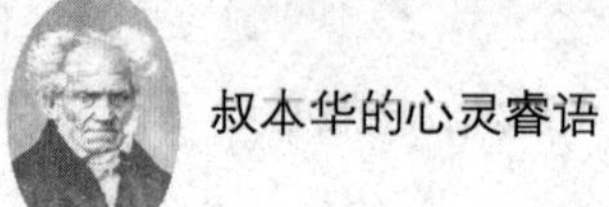

永远向上，眼神自然流动，一颦一笑都荡漾着的浓浓的女人味。这实在是一个优雅平和的女人，她喜欢文艺复兴时期的画，每去一次巴黎都花上一个晚上的时间泡在卢浮宫里，3个小时只看达·芬奇、拉斐尔、米开朗基罗的作品。同时，她以专家和名流的身份轻松出入全世界最顶尖的艺术和奢侈品场合，用不容置疑的口吻告诉任何一个艺术家和首富，这件艺术品的价值和财富增长的秘密。

艺术在她的身上展露得淋漓尽致。或许因为她选择做与艺术相关的工作，所以意味着她把青春与美丽都献给了崇高的艺术，甚至穷其一生。但是，热爱艺术的人并不这么想，为艺术献身是最光荣的事情，甚至直至自己生命的最后一刻，都还在为艺术而燃烧。

古时候的教育，讲授的是以人伦道德为内容，以后兴起了记诵词章的风气，因而先王的教育之义也就不存在了。现在教育学生，应该把孝、悌、忠、信、礼、义、廉、耻作为唯一的内容。有关教育的方法，应当通过咏诗唱歌来激发他们的志趣，引导他们学习礼仪，借以严肃他们的仪容；教导他们读书，借以开发他们的智力。

当然，热爱艺术并不是附庸风雅，也不是拿来作秀的，而是基于内心对生命和生活那种极度的热爱，还会自然流露出对艺术的浓厚兴趣，让自己的生活充满着艺术气息。做一个艺术爱好者，让艺术成为自己生活中的一部分，慢慢品尝生活的美妙。

王小慧，旅德摄影艺术家、作家、教授。二十年前赴德国作为职业艺术家从事摄影、写作、展览及讲学活动。近年来活跃于欧洲和中国艺术界，先后在世界许多美术馆等机构举办过艺术展，作品屡获国际奖项并为许多机构及私人收藏。在国内外许多著名出版社出版过三十余本个人摄影集和书籍，2007年德国政府为嘉奖她为德中文化交流作出的杰出贡献授予她“德中友谊奖”。

王小慧有一双真正的如湖泊般的眼睛，深远又亲近的光芒，优雅从容的注视里蕴含着淡淡的哀伤，它囊括了如海般的深情和传奇般的人生际

遇。无论摄影还是写作，都流露出其艺术天赋。她的代表作《我的视觉日记》在5年间就再版18次，至今依然畅销。虽然没有接受过专门的摄影训练，但从小的爱好使她厚积薄发，其作品被收入世界最权威艺术出版社Prestel编撰的150年大师摄影作品集中。无论写实还是抽象，无论人物还是花草，王小慧的摄影作品无不体现出制作人的独特视角和匠心。

艺术让他们的生活充满了格调，让她们的生命更加绚烂。生命短暂，艺术永恒，人生路漫漫，唯有艺术才是最美丽的花朵。正如王小慧所说："其实我并不清楚将来会怎样，5年，10年以后会怎样。我觉得自己就像一棵大树一样，根越扎越深，枝也会越来越茂。我希望我的艺术和人生会像树一样，不断有新绿出现。"

当然，我们并不一定要做个艺术家，而是需要热情艺术，并让艺术成为自己生活中的一部分。也许许多人认为艺术就是高高在上的，它是音乐、绘画、摄影、文学，那些不俗的领域是难以跨越的。但在我们生活中，艺术并不是高不可攀的阳春白雪，它可以是电影、书籍、歌曲，总是出现在我们的身边。

哲学启示：

艺术修养是一个人内在素养的重要体现，也是一个人一生的财富。艺术的感觉与修养并不是与生俱来的，而是在艺术欣赏和才艺学习中逐渐培养出来的。只要你在平日的生活中，多接触各种艺术形式，参加丰富的艺术活动，就可以有效地提高你的艺术修养。

学习，让你精神更富足

一个具有思想天赋的人过着在个人生活之外，还过着另一种思想上的生活，后者逐渐成为了他的唯一目标，而前者只是作为实现自己目标的一种手段而已。但对于芸芸众生来说，只有浅薄、空虚和充满烦恼的生存才会被视为生活的目标，精神卓越的人首要关注的是精神上的生活。随着他们对事物的洞察和认识持续的加深和增长，他们的生活获得了一种整体的统一；精神生活的境界稳步提升而变得完整、美满，就像一件逐步变得完美的艺术品。

——叔本华

在这个知识经济的时代，社会发展日新月异，作为新时代的人们，要在激烈的竞争中求生存，谋求发展，追求人生的自我价值，就应该有计划地加强自身学习，学习更多的新知识。在日常生活中，许多人在逐渐步入中年了，他们对知识与能力的需求度会相对降低，在他们看来，知识远不及生活琐事吸引人。尤其是结婚的女性，她们放弃了工作，回家做起了全职太太，对学习缺乏了动力。而那些婚后依然工作的女性，她们对工作也缺乏强烈的进取心和上进心，再加上繁重的家务，很容易使女性放弃主动学习的机会。时间长了，她们越来越依赖家庭，自己的工作能力随之下降，根本无法满足工作的需求，因此，她们的职业也开始走进了死胡同。要知道，精神富足的人终生都在学习，我们应该苦练自己的内功，把自己放在一个不断学习的平台上，选择终生学习。

终生学习是指一个人的学习活动是一生中连续不断的过程，在这个社会，每个人都有接受教育，学习的权利，每个人都应该获得均等的教育机会，这本身是一种学习的理想状态。人处于社会发展的中心，是推动社

会前进的动力。在现实生活中，或是生存发展的需要，或是外部环境的压力，或是自我价值的实现，都需要我们不断学习。尤其对于我们来说，放弃学习的结果是导致你与这个社会脱节，需要付出更多的努力，才能紧跟社会快速发展的脚步。对此，保持学习的习惯，选择终生学习，努力使自己成为一个成功者。

有人说："杰奎琳的第一个魅力是深不可测的智慧美。"熟悉杰奎琳的人，都会说到她对于书的感情。杰奎琳是一个典型的书迷，她对书的痴迷程度，是常人难以理解的。就连她的丈夫肯尼迪也会惊叹："无法理解她为什么那么喜欢看书。"

她几乎博览群书，不管什么书都看得很认真，尤其喜欢诗集、历史书籍或关于艺术的书籍。随着地位的升高和年龄的增长，杰奎琳看书更加刻苦，并通过读书不断提高自己，如此学习的经历使得她在离开白宫后仍然被人们所记住，在离开白宫后，她反而变得更有名，成了一个更具影响力的女人。

杰奎琳的公寓和别墅里装满了各种书籍，桌子上、桌子下、沙发和椅子上都堆满了书，整个别墅就相当于一个图书馆。她经常指导朋友希拉里"做一个读很多很多书的女人"，在杰奎琳看来，要想成为一个传奇女人，其中的奥秘就是书和学习。

莱因霍尔德曾这样说："杰奎琳在社会学和神学上表现出的智慧感动了我，我被杰奎琳感动以后，便下决心支持她的丈夫。"戴高乐在见识杰奎琳的智慧之后，这样说道："杰奎琳女士对法国历史的了解程度远远超过了法国本土的妇女们，她并不介入政治，但又赋予自己的丈夫艺术和文学支持者的名声，自从认识杰奎琳以后，我对美国更加信任了。"

杰奎琳非凡的智慧当然应该归功于自己的终生学习，即使在自己地位和名声升高的时候，她也不放弃学习的机会。而且，变得更加刻苦地学习，并通过学习来提升自己的文化修养，只能说，她不愧于第一总统夫人。

我们不要认为只要完成了学历教育就可以功成名就，要明白，在生活中有太多东西需要我们去掌握，有太多东西需要我们用一生来学习。知识是无穷尽的，除了书本上的知识，还有一些生活中的知识，许多人不知道如何与人交往，不知道如何使自己变得有魅力，不知道一些待人接物的礼节……这些你自以为已经懂的东西，当你需要的时候却又不知所措，而你给人的印象就是无知。精神富足的人，一生都在学习中度过，他们读书，同时，还学习一些为人处世的道理，他们走到哪里，都会成为一道亮丽的风景线。

漫漫人生路，人的美丽来源于对自己的不断塑造。知识是人类文明史上一颗璀璨的明珠，是古代圣人的言行结晶，充满智慧魅力的妙语，它将在人们心中千古不朽，万古长存。任何一个善于学习的人，他的才情都是用足够的知识和生活经历积累的。有知识的人，如火之有焰，如灯之有光，如金银之有宝气。他们不得意青春的娇艳，不满足犹存的风韵，更不感叹岁月的无情，而是永远保持健康美丽、乐观向上的心态。当然，最后的成功是属于他们的。

哲学启示：

一个具有思想天赋的人过着在个人生活之外，还过着另一种思想上的生活，后者逐渐成为了他的唯一目标，而前者只是作为实现自己目标的一种手段而已。让学习成为一种习惯吧，这样你的精神世界才会越来越充实。

音乐，重新赋予心灵生命

世界在音乐中得到了完整的再现和表达。它是各种艺术当中第一位的，帝王式的艺术，能够成为音乐那样，则是一切艺术的目的。

——叔本华

音乐在艺术中又独树一帜，为什么呢？在叔本华看来，其他艺术是凭借理念间接地和意愿打交道，而音乐跳过了理念、跳过了现实世界，是意愿的直接客体化，是意愿直接的倾诉。可见音乐在他的理解里有多么动人！音乐具体地与其他艺术有什么不一样，叔本华有着大量的讨论，在这就没有时间来回顾了。音乐不需要形式、不需要外在的凝固的东西，在这个意义上音乐是无形的。而且音乐不需要直接模仿客体，它不用指称什么，它就是最原本的意义构成，所以音乐的效果要比其他的艺术效果强烈得多、深刻得多，而其他艺术与之相比只是一个影子。

现在，越来越多的人将音乐作为了自己发泄情绪、释放压力的方式之一。我们发现，缓解内心压力、发泄负面情绪的方法很多，其中也不乏听音乐这种轻松又恰当的方式。轻松、畅快的音乐不仅能带给人美的熏陶和享受，而且，还能够使人的精神得到放松，当我们在紧张、郁闷的时候，可以多听听音乐，让那些缓缓流淌的音乐流过我们的心灵，抚平内心的伤痛，重拾久违的快乐。

小江说："我有一个习惯，当我在烦闷的时候，我会选择听轻音乐，因为它不像摇滚乐那样刺耳、嘈杂，更适合我需要安抚的情绪和心境。"他讲述了轻音乐的发展史："轻音乐可以营造温馨浪漫的情调，带有休闲性质，因此又得名'情调音乐'。它起源于一战后的英国，在20世纪中期达到了鼎盛，在20世纪末期逐渐被新纪元音乐所取代，并影响至今。"说到这里，小江信手放了一首轻音乐的曲子，在缓缓流淌的音乐中，他说："这是班得瑞的音乐，它是轻音乐的经典乐队之一，有人说班得瑞是'来自瑞典一尘不染的音符'。班得瑞来自瑞士，它是由一群年轻作曲家、演奏家及音源采样工程师所组成的乐团，在1990年红遍欧洲。"

小江慢慢闭上了眼睛，用很轻的声音说："当你轻轻地闭上眼睛，再放上班得瑞那一尘不染的天籁之音，你就会发现那些不染尘埃的一个个音符，静静地流淌着，它带走了一直压在心中的忧虑，让你的心灵在水晶般的音符里沉浸、漂涤。清新迷人的大自然风光，返璞归真的天籁，如香汤

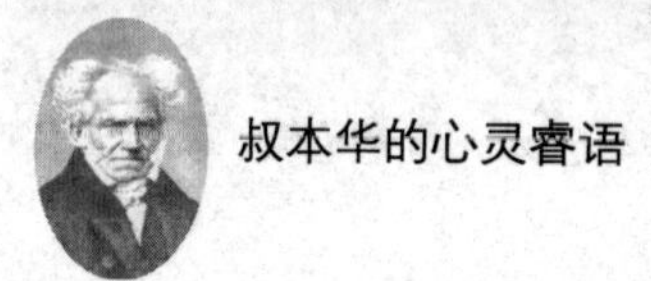

沐浴，纾解胸中沉积不散的苦闷，扫除心中许久以来的阴霾，让你忘记忧伤，身心自由自在。”

有了音乐，即便我们的心灵曲折得九路十八弯，也会被缓缓流淌的音乐抚平，最终回归平静。有了音乐，就算是一个人待在黑暗中也会感到安全，感到充实。一位信奉基督教的人讲述了自己的经历：“最近老是被烦心事困扰，心变得敏感而细腻，那天，回到住的地方，居然发现自己没有带钥匙，同住的朋友还没有回来，一个人站在空旷的过道里，除了恐惧，还有一点对朋友的憎恨，有趣的是，那天我正好带了《圣经》，无聊之余，我翻开了《圣经》，借着灯光朗读起来，还唱起了圣歌，后来，我朋友回来了，这时，我心里已经回归了平静，不再抱怨，也不再生气。”音乐所带给我们的除了愉快，还有一份灵魂的寄托。

音乐对于心灵的释放作用，不仅仅在于听，还在于将音乐唱出来。当人们唱歌的时候，音乐在人体里产生共鸣，从而改变人们的身体和情绪状况。当一个人处于相对紧张、焦虑、身心困扰的不协调状态，就会产生负面情绪。事实上，健康与情绪有紧密的关联度，心情不佳会严重影响人的正常工作、学习和生活。

在英国伦敦，每个工作日的上班高峰时期，上万名西装革履的白领人士涌出地铁站，匆忙走进“钢筋水泥森林”里的办公室，开始日复一日的工作。现在他们找到了一个减轻压力、放松身心的新途径——唱歌。

歌唱演员赫恰普菲尔女士前不久在熙熙攘攘的伦敦金融区专门为压力较大的都市白领研办了“唱歌减压培训班”。她说：“这里的白领职工显然充满了紧张和焦躁情绪。当我上门发放培训班的宣传材料时，他们虽然在和我交谈，但却几乎没有眼神的交流。”赫恰普菲尔把这一切归结为竞争过于激烈，每个人都神经绷紧，想在工作中表现出色。据统计，过大的工作压力使英国每年损失400万英镑。专业从事减轻工作压力研究的心理学家戈德达德教授感叹道：“现代人常常忘记了如何关掉自己的‘开关’。”

唱歌之所以有减压的功效，在于通过旋律、歌词、节奏、音色等均衡作用，对人体大脑、内脏及躯体能产生直接或间接影响，从而调节人的心理和生理功能。当歌词配合音乐可以表达出词语没办法形容的感觉，在旋律的感染下，痛苦的情绪体验和生活经历慢慢转化为一种审美体验，促使人们走向成熟，内心获得一种新生的体验。

哲学启示：

当一个人被负面情绪所困扰，感到精神压力巨大的时候，置身于音乐的境界中，卸下心中的负担，你会发现，自己感受到一种前所未有的轻松，畅游在音乐的殿堂里，忘记了烦恼，心绪变得平静，心境变得宁静，那些压力、愤怒都在这样的心境中慢慢释放，最终，我们的心回归到一种平静。

大自然的美令人愉快

看到一处美丽的风景能让我们感到分外愉快，这其中的一个原因就是我们看到了大自然普遍的真理和前后一致……面对大自然的美景，人的思考达到了最正确的程度。

——叔本华

叔本华认为，大自然的美令人愉快。当心情不适的时候，应该投入大自然的怀抱，使自己的心灵得以抚慰。古语说："春有百花秋有月，夏有凉风冬有雪。若无闲事挂心头，便是人间好时节。"浅显简单的道理，只有回归到大自然，我们的情绪才会变得平和，而那些一直存在的坏心情则

如灰尘般渺小。在生活中，物质和财富并不能让我们的心情变得好起来，它恰恰起到了相反的作用。人生在没有事业、没有财富的时候，往往会将事业和财富当作是好心情的保障，他们总是因缺乏这些东西而产生坏心情。其实，这只是我们一厢情愿的想法，在现实生活中，有多少事业成功的人士，他们有着百万元、千万元甚至上亿元的财产，但他们却连最基本的好心情都不能正常拥有。他们虽然拥有豪华别墅，却不能安然入睡，整天面对着山珍海味，却毫无食欲，这一切都是因为现实社会太过复杂、市侩，难以给人们带来好心情。在这样的情况下，我们应该投入大自然的怀抱，体验最简单的快乐，坏心情自然会消失得无踪无影。

大自然里有什么呢？新鲜的空气、纯净的蓝天、迷蒙的烟雨、柔和的月光、连绵的青山、潺潺的流水……这一切都是美好而祥和的，它带给我们的是心灵上的平静，就好像是缓缓流动的水，带走了一直积压在我们内心深处的坏心情。大自然的美对每个人而言都是平等的，越是自然的东西，就越是接近生命的本质。只要我们敞开怀抱，拥抱大自然的祥和与宁静，我们就可以真正地放下心中的牵挂和忧虑，在自然的怀抱中获得自在。在大自然的熏陶中，我们早已经放下欲望，干枯而缺乏营养的心灵在自然的馈赠中获得了滋养。在大自然的怀抱中，只要我们拥有平常心，不必付出任何代价，就可以享受美好的心情。

这是一篇游记：

最近，我一直为自己的身世而烦恼，坏心情就好像从我的每个毛孔钻出来，好像看什么都不顺眼，我从小就没有妈妈，她抛弃了我，我恨她，但在我内心深处，我又特别想念她，这样的矛盾心情一直折磨着我。我感觉心好累，在不知不觉间，我来到了老家，这是一个只有自然的朴素地方。

走进大自然，这里的一切都令人欣慰，平和，没有喧闹的汽车鸣笛声，没有人们的吵闹声，一切都是那么的清晰、新鲜。阳光潇洒地照耀着大地，火辣辣的太阳变得很温暖，给我心灵无尽的安慰。

漫步在辽阔的草原上，风拂过我的身旁，很清爽，很温暖，就好像一

双慈母的手，抚摸着我的脸颊，很轻柔，很温暖。风的味道，简直令我难以割舍，它的味道，让我想起儿时所闻过的妈妈模糊的香味，以及妈妈曾带给我的温暖。原来，世界真是变化莫测，虽然妈妈不在我身边，但风让我变得什么都满足，而这种满足是前所未有的。

走进小小的森林，我闻到了香甜的果实，抬起头来，竟然发现那些早已经成熟的果实不知道什么时候跑到了我的眼前，它们好可爱，红红的，衬托出它们美满的生活与幸福。我就好像一个调皮的孩子，轻轻地摘下一枚果实，也不顾卫生就塞进了嘴里，果实的甘甜袭来，让我瞬间忘却了一切烦恼，我好像早已经回到了孩童时代，那种可以无所顾忌地奔跑在大自然的感觉又回来了。毫无瑕疵的大自然，清新、美丽，漫步在这里，我早已经忘却了我为什么会来这里，我的烦恼是什么。大自然，不仅仅是美的艺术家，更是最好的心灵治愈师。

社会的复杂让我们失去了生命的自由空间，生活在这种复杂的环境，忧虑和烦恼空前地膨胀着，我们一直在不停地工作，从来没有闲暇时光，最终使得心灵干枯了。虽然我们看似得到了许多享乐，但那却不是幸福；拥有许多方便，但那却不是自由。我们差不多已经忘记了该如何享受生活，但若是回到大自然，我们的心灵将变得宁静而充盈，那种清晰的感觉唤起了我们对过去所有美好的回忆，幸福的感觉涌上来，那些糟糕的感觉早已经被覆盖而不知所终。

千百年来，我们一直遵循着天人合一的精神，人类应该感恩大自然，珍惜大自然，爱护大自然，享受大自然，这样我们才能在自然中找到丢失已久的快乐和宁静。

哲学启示：

如果我们的心情变得很差，那不妨投入大自然的怀抱吧，在这里，我们会忘记所有烦恼，重新领悟生活的快乐与幸福，同时，也可以治愈我们心灵所有的伤痛，让我们的坏心情如尘埃般渺小。

阅读，令人身心放松

没有什么比阅读古老的经典作品更能使我们神清气爽的了。只要随便拿起任何一部这样的经典作品，读上哪怕是半个小时，整个人马上就会感觉耳目一新，身心放松、舒畅，精神也得到了纯净、升华和加强，感觉就犹如畅饮了山间岩泉。

——叔本华

叔本华在《论阅读和书籍》中写道：没有什么比阅读古老的经典作品更能使我们神清气爽的了。只要随便拿起任何一部这样的经典作品，哪怕读上半个小时，整个人马上就会感觉耳目一新，身心放松、舒畅，精神也得到了纯净、升华和加强，感觉就犹如畅饮了山间岩泉。这到底是因为古老的语言及其完美的特性，还是因为这些古典作家保存在著作里的伟大思想历经数千年仍然完好无损，其力度也不曾减弱分毫？或许两种原因兼而有之吧。

塞缪尔·斯迈尔斯在《自助》中说："Man is what he read 。"意思就是"人如其所读"，很多时候，一个人所表现出来的言行举止，其实正在被他人所"读"，你的修养、气质、智慧通过你的一言一行、一举一动中流露出来。我们就要像女人坚持用化妆品一样，需要保持阅读的习惯，这样才能丰富自己的心灵。肌肤需要汲取水分，也需要汲取营养，心灵与肌肤一样，也需要汲取养分才不至于空洞，不断地积累知识，才能填满心灵的空虚。而书则是最好的养分，是最好的心灵之源。女作家毕淑敏曾说："书就像微波，从内到外震荡着我们的心。"很多人都在时代的潮流中追寻，企图追寻一种永远的时尚，其实读书就是人生最好的一种时尚，做一个魅力的人，一定要以书为底气。

冰心是当代文坛巨匠，她喜欢天真烂漫的小孩子，所以她几乎花了一生的时间来给孩子们讲了无数个平凡而美丽的故事。

她自会认字后不到几年，就开始读书，7岁时就开始读“话说天下大势，分久必合，合久必分……”的《三国演义》，12岁开始初涉《红楼梦》，她的一生都在孜孜不倦地阅读，阅读了大量的中外文艺作品，这为她后来成为当代文坛巨匠奠定了基础。冰心有一句响亮的话：“我永远感到读书是我生命中最大的快乐！”她从读书里学到了为人处世的道理。

1986年，她从日本访问回国后因为腿受伤了，就闭门不出，把“读万卷书”作为自己唯一的消遣，她几乎每天都会阅读很多书刊，书读多了，她就会比较，有选择性地读书，这让她倾向于阅读那些真情实感、质朴的文章。在有一年的“六一”国际儿童节，一家儿童刊物要求冰心给儿童写几句指导读书的话，她只写了九个字：“读书好，好读书，读好书。”

至今，冰心那句“读书好，好读书，读好书”的至理名言，依然鞭策着众多爱好读书的人奋力前进。“腹有诗书气自华”，一个坐拥书城的女人，即使是再普通的衣着，也难以掩盖那浑身流溢的书卷气，书代替了她们华丽的时装和昂贵的化妆品。

叔本华认为，食物和书籍是读者在身体上和精神上赖以为生的东西，这些使他成了此刻的样子。但是，正如人的身体只吸收与身体同类的食物一样，每一个人也只“记住”让他感到“兴趣”的事情，亦即与他的总体思想或者利益目标相符的东西。当然，每个人都会有自己的利益目标，但却很少人会有近似于总体思想的东西。所以，人们对事情不会有客观的兴趣，他们所读的东西因此不会结出果实：因为他们留不住所读过的任何东西。

读书对于我们来说，是一种最好的修身养性的方法，也是最有效的方法。那些喜欢读书的人，是追求一种至高无上的境界。古人云：“书中自有颜如玉。”一个人如果读了一本好书，他就会不断地汲取书里的好思想，好品德。久而久之，在他身上自然会流露出一种优雅的气质，娴静而

妩媚，高雅而迷人。读书的人，颜如玉，心如水，落落大方，不俗的谈吐，优雅的举止，散发着无尽的魅力。

同时，叔本华指出："复习是学习之母。"每一本重要的书籍都必须一气呵成连续读上两遍。原因之一是在阅读第二遍的时候，我们会更好地理解书中内容的整体关联，而只有知道了书的结尾才会明白书的开头；原因之二就是在第二次阅读的时候，我们的心境、情绪与第一次阅读时已经有所不同。这样，我们获得的印象也会不一样。情形就好比在不同光线之下审视同一种物体。

如果在买书的同时还能买到阅读这些书的时间，那该有多好！但是，人们经常把购买书籍错误地等同于吸收和掌握这些书籍的内容。一个人的魅力需要来自心灵的支撑，而心灵的支撑则需要知识的养分，读书的人才是最美的。

第10章　人生最大的智慧就是享受当下

有些人一直憧憬着美好的未来，却不在当下努力；有些人一直在追忆过去，却不在当下奋斗。其实，生活很简单，以过去作为经验，以未来作为动力，活在当下，活出自我，努力去做每一件事，去享受过程的快乐，这样人生才会充实。

享受当下，活出自我

没有人生活在过去，也没有人生活在未来，现在是生命确实占有的唯一形态。

——叔本华

如果你希望自己一天能生活得十分快乐，那么就要学会活在当下，那样才会活得自在。你要分清楚过去和现在。你的过去只会对现在产生影响，如果你被困在过去的阴影中，你就不可能快乐地生活在今天。也许，对过去和未来的某些思考虽然是有益的，但是花费太多的时间去反省过去，计划未来，这其实是在浪费时间。因为生活本身只有在此时此地，才能充分享受生活。我们不是否认过去，但是也不能沉溺过去，只有关注现在，我们才能活得更像自己，才能发挥我们的聪明才智，生活才能更加真实和精彩。

制订一个快乐的计划，那就是“只为今天，活在当下”。根据快乐的原则，给自己及世人都制订一个快乐的计划，就是只为今天而活。今天的生活，你就应该放下过去的烦恼、舍弃未来的忧思，而是把自己所有的精力投入到今天的生活中，因为过去的已经过去了，而未来的还很遥远，所有今天才是应该抓住的机会。如果你是生活在过去或者未来的女人，那么你现在要学会快乐地生活，那就是活在当下，只为今天而活。把你对昨天怀念或者对明天幻想的时间都用在今天，如果今天遭遇了困难，那么就要努力地克服；如果你今天遇到了喜悦的事情，那么就敞开胸怀高兴。

威廉·奥斯勒年轻的时候是蒙特瑞综合医院的一名医科学生。在学医的那段时间里，他对自己的生活充满了忧虑，不知道怎样才能通过眼下的期末考试，也不再知道将来会在什么地方，创立什么样的事业，更不知道明天该怎么去生活。他整天为这些事情担忧着，无心自己的学业。偶然一次，他无意间在一本书上看到了这样一句话：“对我们大家来说，生活中最重要的事情不是遥望将来，而是动手厘清自己手边实实在在的事。”正是从书上看到的这句话，改变了这位年轻的医科学生，使他后来成了最有名的医学家，创建了举世闻名的约翰斯·霍普金斯医学院，并成为牛津大学医学院的钦定讲座教授，那可是学医的英国人所能获得的最高荣誉。

后来，威廉·奥斯勒爵士给耶鲁大学的学生作了一次演讲，他说：“像我这样一个曾在四所大学当过教授，撰写过畅销书的人，大家以为我会有‘特殊的头脑’。但是事实并非如此，我的朋友都知道，我的脑袋实在再普通不过了。”

有人问他：“那你的成功秘诀是什么呢？”威廉·奥斯勒爵士认为：“我之所以能够成功，是因为我活在完全独立的今天。”

奥斯勒爵士的话并不是让我们不要为明天而下功夫做准备，而最好的方法，就是尽自己最大的努力，把今天的工作做到完美无缺，这才是应付未来唯一可靠的方法。奥斯勒把每一天都当作是完全独立的，他不会沉溺在过去，也不会为未来忧虑，所以他能够信心满满地应付今天的事情。生活对于他，每一天都是快乐的，每一天都是自由自在的，所以最后他能够

在医学上取得瞩目成就。

美国著名总统林肯曾经说过：“大部分的人只要下定决心都能很快乐”。每个人的快乐不是来自外在的，而是来自内心的。只要每一天都保持快乐的心态，活在当下，你就会获得自由自在的快乐。人为什么会忧虑？那都是因为沉溺在痛苦的过去，焦虑不可知的未来。如果一个人能够在心里抛下昨天和明天，只是展望今天，那么你心里的压力和负担就不会那么沉重，你就可以以轻松的心情来面对今天的困难或愉悦，那么你就觉得你的每一天都是快乐的。

哲学启示：

幸福的人要学会用快乐的心态来面对每一天，把“活在当下，活得自在”当作自己的座右铭。让自己去适应一切，而不是试着调整一切来适应你的欲望；活在当下，就要保持自己的身体健康，珍惜自己；在每一天提升自己的思想，学习一些有用的东西；试着只考虑怎么度过今天，而不是把自己一生的问题都一次解决。

遗忘比绝望更强有力

遗忘比绝望更强有力。

——叔本华

如果你每天有足够的新鲜水可喝，有足够的食物可吃，就不要再抱怨任何事情。人生的快乐就在于要忘记过去，开阔心胸，享受生活，也许我们每天面对着一些让自己烦躁的事情，可是想想你只要还能吃饱喝足，

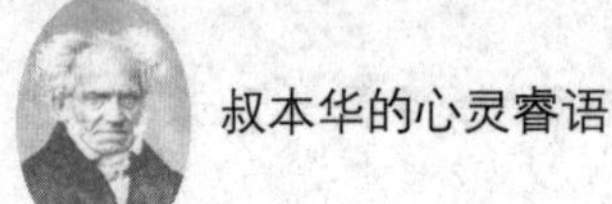

这就是人生最大的幸运。不要用自己心里的放大镜放大每一个不幸，这样只会让你觉得你是世界上最悲惨的人。抱有这样的心理只会让自己对生活失去信心，对自己失去自信，你的人生终将在悲惨中度过。其实不幸与幸运只有零点零一毫米之差，聪明的人总能够把自己的不幸转化为幸运，那其实并不是什么魔力，而是一种心态。所以，无论你的生活遭遇了什么变故，都要学会遗忘，敞开自己的心胸，学会享受生活，你才会感受到生活的乐趣。

人生最大的悲剧就是，我们很少想到自己所拥有的，却时刻想着自己所没有的。于是，我们的心情总是重复着这样的沮丧，很多人总是对自己的生活不满意。或是自己没有高挑的身材，或是自己的眼睛不够大，或是自己的男朋友不够帅……其实，很多时候，当你对你的生活不满意的时候，你是通过与其他人的生活作比较的。俗话说“知足常乐”，你能想想自己拥有健康的身体，每天能喝上新鲜的水，每天能吃饱，那就是一种幸运。你再想一想，有的人完全失明了，有的人精神疯癫地在街上流浪，再对比你的生活，你就会发现你的生活是多么的幸运和快乐。所以，人不要为自己寻找一些根本不存在的烦恼，要学会享受生活中的每一分每一秒，你才会体味到幸福的真谛。

波姬·戴尔是一位眼睛有残疾的女人，她只有一只满是疮疤的眼睛，只能靠眼睛左边的小洞来观察这个世界。而当她看书的时候，她必须把书贴近脸，然后眼睛努力往左边斜。虽然她的眼睛带有残疾，但是她却拒绝别人的怜悯，而是靠自己的心情来享受生活的快乐。

小的时候，她渴望跟其他孩子一样玩跳房子，但是由于自己的眼睛的关系，她看不见地上的线。于是，她等伙伴们都回家了自己一个人趴在地上，将眼睛贴到线上看来看去，并且牢牢记住玩儿的地方。不久之后，她就是玩跳房子的高手。读书时期，她把大字印的书紧紧贴在自己的脸上，这样艰难地学习着，谁也没有想到，她凭着自己坚韧的毅力，得到了两个学位，分别是明尼芬达州州立大学学士学位和哥伦比亚大学硕士学位。

完成了学业之后，她开始了自己的教书生涯，通过不懈的努力，她不但成了文学教授，工作之余还在一些妇女俱乐部发表演讲，还到一家电台主持读书节目，她说："我脑海深处，常常怀着完全失明的恐惧，为了打消这种恐惧，我采取了一种快活而近乎游戏的生活态度。"

戴尔并没有因为自己只有一只眼睛，就整日抱怨生活的不公平，而是愉快地融入人们的生活中。她甚至不需要人们的怜悯，而是希望自己看起来跟别人没什么两样。事实上，她做到了，虽然付出了比常人多几倍的努力，但是她依然活出了最优秀的自己。她把自己身上被别人看成的不幸，变成自己的幸运，并且乐于享受生活的乐趣，所以她能够在失明50年以后，还能通过手术重见光明。生活是给了她太多的不幸，可是她并没有对自己的命运产生抱怨，相反，她十分愿意享受生活带来的乐趣，所以生活又给了她同样的回报。

如果你想得到快乐，就要记住"每天一早想想你得意的事情，不要将注意力集中在烦恼上。"如果你只是把注意力集中在烦恼上，那么生活也会给你烦恼；如果你保持愉悦的心情，生活也会带给你一些快乐。你对生活抱有什么样的希望，生活就会回报你什么样的礼物。我们要学会遗忘，敞开自己的心胸，拥抱每一天，这样你才会懂得生活的真谛。不要总是把心思放在那些琐事上面，那只会让你的心越来越纠结。

哲学启示：

人生应该有两个目标，第一个是得到自己所想的东西；第二个是充分享受它。只有智者才能做到第二步。所以，不管你的生活发生了什么，都要学会放宽心胸，充分享受生活的快乐，感受生命的真谛。

把每一天当作独特的一生看待

拒绝现在的欢乐时刻，或是因为对过去和未来不安，而未能珍惜目前的美好时光，就是极大的愚蠢。但对于现在，让我们记住塞尼加的话："把每一天当作独特的一生看待。"我们要尽可能地把每一天过得称心满意，它是我们实际上拥有的唯一时间。

——叔本华

叔本华忠告我们，尽可能地把每一天过得称心满意，它是我们实际上拥有的唯一时间。当你早上睁开眼睛，就看见外面明媚的阳光是那么的灿烂美丽，再呼吸一下新鲜空气，整个人都是清爽的，整个人都充满了精神。也许并不是每一天你都能感受到大自然的美好，但是日落之后，黎明到来，那就是新的一天开始了。有人说"当我看到太阳从地平线上升起来时，就知道这又是崭新的一天了"。聪明的人，要把每一天都当成一个新的开始。昨天无论多么困难，毕竟都已经过去了，从每一天开始你新的生活。每天都是一个新的开始，当你这么想的时候，你已经精神百倍地去开始今天的生活了。

每天都是新生，生活中的每一个人，在任何一个瞬间，都可能站在两个永恒的交汇点上，但是这一点已经永远地成了过去并延伸到无穷的未来。所以我们不可能生活在两个永恒的中间，连一秒的持续时间也没有。如果你老是停留在过去的阴影里，就会摧垮我们的身体和精神。所以，我们能够做的就是把每一天都当作新生，并为活在这一刻而自豪。罗勃·史蒂文生写道："从现在一直到我们上床，不论任务有多重，我们每个人都能支持到夜晚的降临，无论工作多么艰苦，每个人都能做自己当天的工作，都能很开心、很纯洁、很有爱心地活到日落西山，这就是生命的真

谛。”生命的真谛就在于把每一天都当作新的一天来度过，这样你才会把自己所有的时间和热情都放在今天，让你的生命焕发出无限的潜力。

薛尔德太太住在密歇根州沙支那城，她以前是靠推销《世界百科全书》之类的书籍生活，后来因为有了自己的家庭便辞去了工作，那时的日子虽然不富足，但是也过得很安乐。但是很快，她安逸的生活就陷入了苦难。1937年，她的丈夫死了，她自己几乎身无分文，这令她非常恐慌。那段时间，她的精神极度颓废、崩溃，甚至想到自杀。后来，她给以前的老板奥罗区先生写信，请求他能让自己做以前的工作。于是，她四处借钱凑足了分期付款的钱买了一辆旧车，她又开始重新推销那些书籍。

薛尔德太太希望能够通过繁忙的工作来抵消自己的颓废和不安，可是她很快发现不行。毕竟她的丈夫已经不在了，只有她一个人驾车，一个人做饭吃，一个人生活，这所有的一切都令她无法承受。而她的工作也带给自己一些困扰，有些地方根本就卖不出去书，所以业绩不太好，虽然她买车的钱不是很多，但是对于她来说还是很难凑齐。她整天看起来心情很沮丧，对生活也没有什么希望，她甚至绝望得想自杀。

有一天，她读到了一篇文章，是那篇文章中的一句话让她活了下来：“对一个聪明人来说，每天都是一个新人生。”这句话令她精神振奋，于是，她把这句话打印出来，贴在汽车前面的挡风玻璃上，为的就是自己开车的时候能看见它。薛尔德太太发现每次只活一天一点都不难。就这样，她摆脱了孤寂和恐慌，变得很快乐，工作业绩很快就上去了。

薛尔德太太正是把每一天都看作是新生的，所以她能够在每一天里忘记过去，不想将来，只是关注着正在活着的这一天。所以她能够很快摆脱自己过去的恐慌心情，而变得十分快乐，这样自己工作起来也很有精神。不管昨天有多么糟糕，毕竟已经度过了昨天，新的一天就应该忘记充满痛苦的昨天，带着新的心情又开始新的一天。你就会发现，每次只活一天是多么容易的事情。

人最可悲的就是，无视窗口的玫瑰在悄悄绽放，而去梦想着天边奇幻的玫瑰园。如果你总是怀着一些悲伤的、孤寂的心情去度过一天，那么你就会什么事情都做不好，反而内心的恐慌会变本加厉地折磨你，你会日渐消沉，陷入人生的黑暗。无论你在生活中遇到了什么，都不要害怕，因为你每天只需要活一天。

叔本华认为，“现在”尽管是如何的稀松平常，也总优于过去的最高价值，因为前者是现实的，两者之间的关系，如同“有”之对于“无”。

哲学启示：

随时保持一份乐观的心情，记住每一天都是一个新的开始，不要沉浸在昨天的回忆中。新的一天，就要用尽全身的力气去表现，把自己最美丽的一面展示出来，让自己的每一天都充满精彩和欢乐。

烦恼时多想快乐的时光

奇怪得很，人们在倒霉的时候，总会清晰地回忆已经逝去的快乐时光，但是在得意的时候，对厄运时光总保有一种淡漠而不完全的记忆。

——叔本华

叔本华说：“我拥有的都在我身边。”当一个人还愚蠢地为自己没有一双漂亮的皮鞋而难过时，一个没有双脚的人出现了，这时所有的难过都消失得无影无踪。我们应该马上问问自己：难道我得到的这些还不够吗？是什么让我每天都生活在烦恼之中？为什么我总是不能提起精神呢？其实，当你问完自己这些问题之后，你多半会发现，其实许多事情都是那么不值一提，那么没有意义。尽管生活中总会遇到这样或那样的烦恼，但只

要你细心地观察就会发现，其实我们做的所有事绝大部分都是顺利的，只有一小部分存在麻烦。将你的注意力集中在绝大部分顺理的事情上，每天都盘算着你所得到的恩惠，让最得意的事情常在你的脑海中萦绕。

露西尔的生活非常忙碌，她学习风琴的，同时又在城里办了一个演讲班，教授学生们音乐欣赏课，晚上还要参加各种聚会、舞会等。由于疲于应付生活中的各种情况，结果在一天早上她病倒了，医生对露西尔说："你需要卧床休息一年。"

卧床休息一年？那这跟死去又有什么分别呢？露西尔整日以泪洗面，她的情绪很不稳定。正在这时，邻居过来看她，安慰她说："难道你认为卧床休息一年是一件恐惧的事情吗？或许你可以换一个角度想，你可以休息了，那就表示你有很多时间来重新思考自己的人生了。或许，在后面的几个月你会收获一些精神方面的东西，这些东西甚至比你整天工作所收获的要宝贵得多。"

露西尔慢慢平静了下来，开始努力建构另一套价值观。在卧床休息的那段时间里，她阅读了大量的励志方面的书籍，养成了一个很好的习惯，那就是每天早上醒来强迫自己回忆那些值得感激的事情，比如，尽管自己卧床休息，但身体并不会痛苦，这值得感激；有一个可爱的小女儿，那是上帝赐予自己的最好礼物；有正常的视觉和听觉，不仅可以听电台，还可以看杂志；每天可以品尝美味的食物；还有一大堆好朋友，朋友经常会来看望自己，以至于人太多了，最后医生不得不限制时间，并规定每次只准一个人探视。

一年很快过去了，露西尔康复了。

实际上，人一生最得意的事情就是满足于自己拥有而别人没有的东西。只要你愿意，你完全可以把自己所拥有的一切变成巨大的财富，甚至比所罗门王的宝藏还要多。那样，你会比所有人都开心和满足。试想，假如给你一百万美元来交换你的双眼，你愿意吗？或者拿出很多很多钱来交换你的双手、双脚、健康、孩子或是幸福的家庭，我想，即便把全世界的财富都送给你，你也一定不会同意的，因为那样就失去了生命的意义。

帕默先生从部队退役后不久，开始自己做生意。刚开始，帕默先生每天都忙碌着，生意也做得不错。但是，没多久麻烦就来了，帕默先生因生意买不到部件和材料，他担心自己的生意彻底完了。

结果，帕默先生的担心，使得他从一个快乐的人变成了一个不快乐的人。而且，他特别容易生气，经常是一件小事也会让他很不开心。有一天，一位帮助帕默先生工作的残疾士兵对他说：“你为什么这样忧虑呢？你看起来就好像是这个世界上最忧虑的人一样？为什么你不往好处想想呢，即便生意不得不停止营业，不过当你所有都恢复正常的时候，你依然可以重新开业。而且你拥有的一切足以令你感激上帝，但是你却视而不见，你依然在不停地抱怨。你看看我，我多么想跟你一样，但是我只有一只胳膊，而且半边脸也惨遭毁容。不过我从来不抱怨失去的东西，我依然可以工作。所以，假如你继续抱怨，你会失去生意，甚至失去健康、家庭和朋友。”

听到朋友的话，帕默先生惊醒了，他多么庆幸身边有这样一个朋友，否则，自己真的有可能失去家庭。朋友的话让他意识到原来自己拥有如此多美好的东西，为什么不珍惜呢？假如总是在忧虑其他的事情，那肯定会损失这些宝贵的东西。

在英国的许多教堂里，都可以看到“感恩”两个字，我们应该把这两个字牢牢记在心里。对此，叔本华说：“人往往总是把重心放在那些自己所没有的东西上，而很少考虑自己已经拥有的，这种想法实在是比战争还可怕。”

哲学启示：

其实，世界上任何一笔财富都比不上快乐，然而能够只把精力放在每件事理想的那一方面，又是获得快乐生活的最佳途径。每天清晨我们可以做一件事，那就是清算一下自己所拥有的财产，当然，这些财产是你所拥有的和得意的事情。

庸人自扰，无疑是自暴自弃

当一个人陷入了这样一种境地：他相信，某些事必然会发生，只因为他不希望它们发生，而他希望发生的那些事情却永远不可能发生，这种状况就称之为“自暴自弃”。

——叔本华

人们总是担心那些根本不会发生的事情，叔本华称之为“自暴自弃”。多少人曾备受忧虑的摧残，总是担心各种不好的事情发生，即使在童年，他们也有各种担心：每当狂风暴雨时，担心自己会被闪电击中；每当生活变得困难时，害怕自己会被饿死，甚至我担心自己死后会下地狱，听说那里有许多凶神恶煞的鬼怪；当然，也担心长大后没人会嫁给自己……甚至遥远的未知的事情也会令他们烦恼，假如真的结婚了，想象着在教堂里举行完婚礼在回家的路上，应该跟新娘聊些什么呢？总会担心这样或那样的事情，好像永远没办法让心灵变得安静下来。

但是，时间一天天过去了，你是否发现曾经担心过的事情有百分之九十九都完全没有发生过，那意味着只不过是白白担心。长大后才懂得了很多，比如，一个人被雷电击中的概率只有三十五万分之一，那自己怎么会被雷击中呢？如果你正在忧虑一件事情，那么不妨计算这件事发生的概率吧。

每个周末，沙林吉夫人都会从圣码多的家坐车到洛杉矶购物，但是即便在购买东西时她也会为生活中的事情而忧虑：自己离家时是否将熨板上的电熨斗拿下来了，会不会引起火灾；家里的佣人是否会丢掉孩子跑掉，这样的话孩子会骑着自行车出去玩，说不定会迎面碰上大公路上的汽车……沙林吉夫人经常会为这些事情而担心，有时候会因为想象出来的场景吓得半

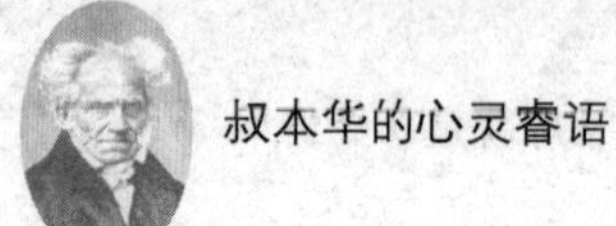

死，这时她会不顾现实而冲出商场，然后马上坐着公交车回家检查是否一切都好。因为忧虑，沙林吉夫人的婚姻很快失败了，她选择了离婚。

沙林吉夫人现在的丈夫是一个律师，他遇事比较冷静，有着较强的逻辑分析能力，从来不为任何事情担心。每当沙林吉夫人担忧或焦急的时候，丈夫反而会安慰："放轻松，没事，不要紧，你可以安静地想想自己究竟在担心什么？我可以帮助你分析一下概率，看看你所忧虑的事情真正发生的概率有多少。"

有一次，沙林吉夫妇驱车从新墨西哥州的阿尔伯克基到卡尔斯贝洞窟国家公园去玩，结果在半路遭遇一场暴风雨，道路变得泥泞不堪。他们的汽车不容易控制，不停地打滑。沙林吉夫人悲观极了，她担心车子会滑到路边的水沟里。不过丈夫却一直安慰："我慢慢开车，很安全，你放心。即便车子真的会滑到水沟里，按照概率来计算，我们是很安全的。"看着丈夫这样冷静和自信，沙林吉夫人也渐渐平静了下来。

有一年夏天，沙林吉夫妇到洛基山脉的斗魁山谷露营。一天晚上，沙林吉夫妇在海拔7000米的地方扎好了帐篷，却忽然遭遇了暴风雨。帐篷的绳子绑在一个木桩上，一阵狂风吹过，帐篷抖动着、摇晃着，几乎被撕破了。沙林吉夫人一直在担忧帐篷，想到随时都有可能被狂风撕破，她吓得半死，不过丈夫却不停地安慰："亲爱的，不要担心。我们的印第安向导有着丰富的经验，他对这里非常熟悉，所以我们在这里扎帐篷是安全的，帐篷肯定不会被吹跑。根据概率，今晚也不会吹跑帐篷，即便真的被吹走了，我们也很安全，我们可以到其他帐篷里暂住，所以别担心。"听到丈夫的话，沙林吉夫人绷紧的神经放松了，那天晚上她睡得相当安稳，当然，那天晚上没发生任何事情。

在案例中，沙林吉夫妇经历那么多事情，沙林吉夫人却为此担惊受怕那么多次，却一次事情都没发生过。大量事实证明，假如我们将每件事发生的概率都算一下，那最终得出的答案依然是"这件事不会发生"。正因为这句话消除了沙林吉夫人百分之九十的忧虑，因此她现在看起来会如此

平静而又美丽。

有的人习惯杞人忧天，遇到一点点小事就开始胡思乱想，最终，那些想象的事情把自己都吓坏了。这就是人们常说的庸人自扰，本来生活中并没有那么多的烦恼，但就是因为心中的忧虑，凭空生出了许多烦恼，使自己终日沉浸在焦虑之中，每天过得心惊胆战。其实，有时候，需要我们看开一些，把任何人任何事情都不要想得那么糟糕，留一份快乐在心中，那样就会赢得整个人生。

那些快乐的人，他们口袋里装满了祝福；而那些疲惫的人，他们口袋里装满了指责。一路上他们同行着，快乐的人会把那些不必在意的负担丢掉，而疲惫的人却选择丢掉了祝福，所以，快乐的人的行囊越来越轻松，而疲惫的人会感觉越来越累。生活中的我们都要甘愿做快乐的人，千万别庸人自扰。

哲学启示：

在忧虑开始腐蚀你的心灵之前，先改掉忧虑的毛病。算算这件事发生的概率，或者查查资料，自己可以根据概率来计算，自己所担心的事情发生的概率是多少，避免为那些不必要的事情而担心。

心境平静，别为过去和未来烦忧

心境平静是享受此刻的必要条件。除非我们能享受一个个的片刻，否则就无缘窥见人生幸福的全貌。

——叔本华

假如你生活在现在，那就保持平和的心境，不要为过去和未来烦忧。无论你在过去经历了多大的挫折，受了多大的磨难，但是那毕竟已经过去了，它已经成了你记忆中的一部分，它不可能影响你今天的生活。所以不要让自己沉浸在过去的痛苦中，那样只会让你把今天也卷进痛苦的旋涡中，那么你的人生从此就坠入了万劫不复的深渊。而未来还是不可知的境地，就算你未雨绸缪也不要过分地为明天担忧，你的担忧会逐渐变成你的压力和负担，你既不会为明天的发生而准备了什么，也不会好好地把握今天，结果你把今天和明天都失去了。只有牢牢地把握现在，你才有可能获得未来的成功。因为现在既是对过去你所经受的一些挫折所作出的总结，也是为未来的成功做好准备的关键时期。所以，不要为过去和未来烦忧，保持一份愉快的心情，你就能在现在发挥出你所有的潜力，走向成功。

为过去和未来烦忧，只会给人带来消极影响。所以，当意识到自己在为过去和未来担忧的时候，迅速将自己的所有忧虑全部抛掉，让自己重新变回一个对生活充满信心的乐观者。或者可以选择走进书房，朝着放历史书籍的书架走去，随意抽出一本书，然后认真地在桌前阅读一个小时，虽然人类历史就是用一支悲凉的笔所写成的：杀戮、瘟疫、饥饿、贫穷，再想想自己现在的生活，过着比过去要好几十倍的生活，就不再忧虑了，心也开始平静下来了。

泰德·班哲明诺曾经在第94步兵师担任士官，他主要的工作就是建立和维持一份在作战中死伤和失踪者的人名记录，并且帮助发掘那些在战争中被打死的、被草草掩埋的士兵，同时还收集那些战士的私人物品，并且将那些战士所遗留的物品准确地送到他的朋友和家人手中。

他整天因为自己的工作而筋疲力尽，他对自己处在战争的环境而担忧。他担心自己能否撑到明天，担心自己不能活着回去抱一抱他唯一的儿子，他的孩子出生16个月了，但是他却从来没有见过。他整天劳累地工作，紧紧绷住的神经，都让他憔悴不堪。他的身体足足瘦了34磅。虽然自己的身体如此瘦弱，但是他仍然疯狂地担心、忧虑，眼看着自己瘦成了皮

包骨头，却毫无办法。他自己不能想象，他怎么可以这样瘦弱不堪地回家面对家里的妻儿。因此，他像一个孩子一样，哭得浑身发抖。这样的日子持续了很久，他几乎丧失了正常人的生活能力，最后幸亏战争结束了，他被送到医院去治疗，才保住了自己的生命。

班哲明诺为自己的未来所担忧，因为在战争的环境中，他认定自己一定没有未来可言了。所以他开始担忧自己是否能够活着回家，担心自己是否能撑到明天，担心是否能见到还未曾见过的儿子。所以他整天在忧虑中惶惶度过，搞得自己身心疲惫，最后他成了皮包骨头，自己也丧失了正常人的生活能力。如果不是战争的结束，他可能会因为长期忧虑而失去生命。而在战争的时候，将军必须为将来作打算，但却不会有任何的焦虑感。

美国海军上将厄耐斯特·金恩说："如果我们的一只船沉了，我不能把它捞上来，它要是再沉，我也没有办法。我的时间要花在解决现在的问题上，没有时间为昨天的问题而后悔不已。况且，要是我为这些无意义的事情烦恼的话，我也不会坚持很久的。"生活中没有必要为过去和未来忧虑，最重要的是把握好现在，才是对过去最好的总结，对未来最好的准备。

不要因为过去的痛苦就一直难以忘怀，学会从过去的苦海中挣脱出来，把握好自己现在的生活，那才是对昨天痛苦的最好安慰。

哲学启示：

不要想象未来的苦难，假如自己老去了怎么办？假如自己失去了工作怎么办？那些都是徒劳的，如果你不把握好现在，那么你就无法取得未来的成功。所以，不要为过去和未来烦忧，珍惜现在，把握属于自己的幸福人生。

第11章 唯有意志才是自在之物

1859年，叔本华的《作为意志和表象的世界》第三版引起了巨大的轰动，他自称“全欧洲都知道这本书”。在叔本华看来，人的躯体也是自我意志的表现，动物的各种活动都受生存意志的支配，植物的活动也受生存意志的支配，整个大自然以及无生命的事物也不例外。

意志是战胜一切挫折的利器

为了解人生有多么短暂，一个人必须走过漫长的生活道路。

——叔本华

在悲剧理论中，叔本华强调了意志的作用，其实，意志是战胜一切挫折的利器。曾任美国副总统的戈尔曾说：“自古以来的伟人，大多是抱着不屈不挠的精神，在逆境中挣扎着奋斗过来的。”在人生这条充满荆棘的路上，我们常常会遇到这样或那样的挫折与困难。当然，不同的人对挫折有着不同的理解，有人说挫折是人生道路上的绊脚石，有的人却说挫折是一种磨砺，会让今后的路更加平坦。古人云：“白糖尝尽方谈甜，百盐尝尽才懂咸。”与河流一样，如果人生不经受历练，那就显得单调、幼稚。甚至，我们可以这样说，不经历挫折的人生是空白的。或许，我们并不知道前方有多少挫折在等着我们，但是，有一点是很明确的，那就是这些挫折是不可避免的。在挫折面前，我们的力量是有限的，但挫折却是层出不

穷的，当我们战胜了一个挫折，又会有更大的挫折在等着我们，人生就是这样一个不断前进的过程。

一位少年自认为看破了红尘，放下了一切，历经千辛万苦找到了隐藏在深山里的寺院，他要求见方丈想出家，他认为自己只有在这里才能真正地洗去城市的繁华与浮躁。方丈仔细打量着少年，问道："做和尚要独守孤灯，终身不娶，你能做到吗？"少年坚定地回答："能。"方丈又问："做和尚要每日三餐粗茶淡饭，粗衣薄褂夏热冬寒，你能忍受得了吗？"少年回答说："能。"方丈又问："做和尚要无欲无求、无怨无恨，不问恩情，不记仇恨，无论任何时候都要心如明镜不染尘埃，你能做到吗？"少年斩钉截铁地说："能。"然后，方丈问了一些关于佛法的东西，少年都能作出很好的回答。但是，最后，方丈拒绝了少年出家的请求，而是把少年送下了山。临走时，方丈留下了这样一句话："未曾拿起莫谈放下，当你真正拿起时，你再回来告诉我你还能不能放得下。"

一个人若是没有经历过生活，自然不会理解出生活的艰辛；一个人若是没有真正经历过挫折，自然不懂得选择快乐的角度。一旦挫折降临，就想要逃避这个世界，这本来就是一种不负责任的做法。生活中，只有那些真正经历过挫折的人，才能放眼望世界，因为经历过挫折，以至于生活在他们眼里变得更加绚丽多彩了。

挫折造就着生活。但凡成大事者，他们必须经得起挫折的历练，经得起失败的打击，因为成功需要风风雨雨的洗礼，而一个有追求、有抱负的人，他总是视挫折为动力。所以，挫折对于天才来说是一块成功的跳板，对强者来说则是一笔宝贵的财富。所谓的挫折是一所修炼人生的高等学府，你是否能顺利毕业则取决于内心强劲的忍耐力。

不畏挫折，所彰显的就是一份强劲的意志，这是叔本华所推崇的。曾国藩说："吾平生长进，全在受挫受辱之时，打掉门牙之时多矣，无一不和血一块吞下。"如果经不起挫折，受不了历练，处处较真，我们将沉埋在痛苦的生活里，永远没有希望，也没有前进的方向。其实，挫折带来的并不全是坏事，它能使我们的人生绽放出最美丽的成功之花，而从挫折中汲取的教训将是我们迈向成功的垫脚石。

**哲学启示：**

挫折是一门生活必修课，但这并不是说挫折是不可战胜的，挫折的必然性让我们在遇到它时就没有必要怨天尤人，更没有必要处处较真。因为挫折不具备不可战胜性，所以，面对挫折，不必畏惧，迎难而上，直面挫折，把生活中的每一个挫折都看作是上天考验我们的一次机会。

请接受命运的安排

> 生活中值得嫉妒的人寥若晨星，但命运悲惨的人比比皆是。
>
> ——叔本华

叔本华认为，我们要接受上天赐予的悲剧人生，善于缔造自己的斑斓人生，不管是麻烦也好，困难也罢，我们都要善于接受。人生因充满各种各样的麻烦而变得多姿多彩，或许，我们都不喜欢生活的悲剧，当它与自己不期而遇的时候，你也不要掉头或转向，因为麻烦是一个魔鬼，一旦它看上你，就会对你穷追猛打，不舍不弃。而那些不接受生活赐予麻烦的人，只会被麻烦纠缠得更悲惨。生活中，我们要学会笑纳生活赐予的困难，缔造斑斓的人生。曾经有人说："成功的人生是痛苦与失败的交织，是磨难与顺利的交替。"如果你害怕生活中会出现麻烦，那你就会永远丧失走向成功的机会。卓越的人生是从卓越的目标开始的，卓越目标的背后

必然是充满着麻烦的道路。经受了那些麻烦的打搅和坎坷的摔打，我们追求成功的意志才能坚强起来，可以说，历练是人生不可多得的宝贵财富，拥有这笔财富，再多的困难和问题都能解决，没有什么麻烦可以把人吓倒。

有一个穷人为农场主做事。有一次，穷人在擦桌子时不小心碰碎了农场主一只十分珍贵的花瓶。

农场主向穷人索赔，穷人哪里赔得起，最后被逼无奈，只好去教堂向神父讨主意。神父说："听说有一种能将破碎的花瓶粘起来的技术，你不如去学这种技术，只要将农场主的花瓶粘得完好如初，不就可以了。"

穷人听了直摇头，说："哪里会有这样神奇的技术?将一个破花瓶粘得完好如初，这是不可能的。"神父说："这样吧，教堂后面有个石壁，上帝就待在那里，只要你对着石壁大声说话，上帝就会答应你的。"

于是，穷人来到石壁前，对石壁说："上帝请您帮助我，只要您帮助我，我相信我能将花瓶粘好。"话音刚落，上帝就回答了他："能将花瓶粘好，能将花瓶粘好……"

穷人听后希望倍增、信心百倍，于是辞别神父，去学粘花瓶的技术了。

一年以后，这个穷人通过认真的学习和不懈的努力，终于掌握了将破花瓶粘得天衣无缝的本领。他真的将那只破花瓶粘得像没破碎时一般，还给了农场主。所以他要感谢上帝。神父将他领到了那座石壁前，笑着说："你不用感谢上帝，你要感谢就感谢你自己。其实这里根本就没有上帝，这块石壁只不过是块回音壁，你所听到的上帝的声音，其实就是你自己的声音。你就是你自己的上帝。"

当生活的麻烦找到我们，我们应该记住，除了接受这些麻烦，努力去解决这些麻烦和问题，别无他法。而且，没有人能够帮助你，如果你总是与麻烦较真，希望自己能获得别人的帮助，那这样的想法未免太天真了。其实，每个人都有解决麻烦的能力，许多人解决不了人生或大或小的麻烦，那是因为他们没有接纳悲剧人生的良好心态，因此才无法缔造绚丽的

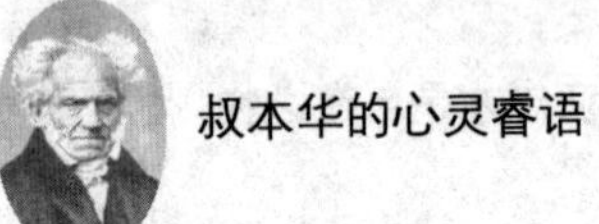

人生。

安妮爱上英俊潇洒的杰克。他对她来说很重要，安妮确信他就是她的白马王子。

可是有天晚上，他温柔婉转地对她说，他只把她当作普通朋友。安妮以他为中心的梦想的世界当下就土崩瓦解了。那天夜里她在卧室里哭泣时，觉得记事簿上的“不要紧”三个字看起来荒唐得很。“要紧得很，我爱他，没有他我可不能活。”

翌日早上，她醒来后又想到这三个字，这时，她已经冷静下来了，她开始分析自己的情况“到底有多要紧？杰克很要紧，我很要紧，我们的快乐也很要紧；但我会希望和一个不爱我的人结婚吗？”日子一天天过去，她发现没有杰克自己也可以生活，也能快乐 。

几年后，一个更适合她的人真的来了。在兴奋地筹备结婚的时候，安妮把“不要紧”这三个字抛到了九霄云外。如今她不再需要这三个字了，她的生命中不会再有麻烦与失望。

有一天，丈夫和她同时得到一个消息：他们把所有的积蓄投资做生意，但这笔钱赔掉了。

安妮感到一阵酸楚，胃像扭作一团一样难受。她想起那句“不要紧”，“这一次可真的是要紧”，她心里想。

可是就在这个时候，小儿子用力敲打他的积木的声音转移了安妮的注意力。儿子看见母亲看着他，就停止了敲击，对她笑着，那笑容真是无价之宝。安妮把视线越过他的头望向窗外，两个女儿正在兴高采烈地合力堆沙堡。院子外面，树映衬着无边无际的晴朗碧空。安妮觉得胃顿时舒展，心情恢复平和。她对丈夫说“都会好转的，损失的只是金钱，实在并不要紧”。

在生活中，总有这样或那样的麻烦出现，这会给我们的心灵带来巨大的压力，许多人会因为这些压力而变得一蹶不振，甚至会因此而失去生活的勇气。其实，许多麻烦和问题并不像我们想象的那么严重，面对这些狂

风暴雨，假如我们能够尝试对自己说“不要紧”，接纳那些生活赐予的麻烦，那我们就会缔造出无比灿烂的人生。

悲剧理论的宗旨就是抓住悲剧背后的生存意义。在生活中，我们每时每刻都可能遇到那些不如意的麻烦事情。其实，不要小看那些麻烦，那其实是生活赐予我们的宝贵财富，如果我们固执于此，任自己较真、沉溺在痛苦之中，我们就会更加烦恼。不如对自己说：“没关系，不要紧，风雨之后，肯定会有彩虹。”这样想来，那些麻烦的问题还能算什么呢？

哲学启示：

相比较人生的挫折，生活中那些麻烦的小事情根本算不了什么。如果我们总是为生活中的琐碎事情而较真，那无疑是折磨自己。学会接受生活赐予的麻烦，通过解决这些麻烦和问题，领悟生活的真谛，然后缔造色彩斑斓的人生。

意志，助你冲破黑暗的悲剧

> **意志是一个强壮的盲人，倚靠在明眼的跛子肩上。**
>
> **——叔本华**

换言之，即便是黑暗的悲剧，也往往孕育着璀璨的成功。在悲剧中，往往隐藏着宝贵的经验与信念，其实，悲剧是一笔不可缺少的财富。虽然，我们在遭遇悲剧，面临失败的时候，都会产生某种程度的负面情绪，不过，假如自己长期与挫折较真，深陷其中不能自拔，那我们注定会失败。美国著名心理学家贝弗利·波特认为，当一个人在工作中的失败感大

于他所取得的成就感时，就很有可能对自己的工作失去热情，而当这种失败感以一定的频率固定出现的时候，他就很容易对自己的工作产生倦怠。面对悲剧，我们所需要做的并不是自甘堕落，自暴自弃，而是不断地积累失败的经验，在悲剧中铸就璀璨的成功。

伊莎克·帕尔曼出生在以色列的特拉维夫，父母都是波兰人，三岁半的时候，帕尔曼就开始学习拉小提琴。可是，天有不测风云，一年以后，帕尔曼的双腿因小儿麻痹症瘫痪了。但是，疾病并没有阻碍他的音乐天赋，九岁时他就开始在音乐会上演出了。许多人认为，对于帕尔曼来说，在这个竞争激烈的行业中，开独奏音乐会实在是太难得了。但是，帕尔曼并没有沮丧，他一次又一次地鼓起心中的白帆，驶向音乐的海洋。“我一直在尽力着。”帕尔曼对自己这样说，正是这种乐观的心态为他赢得了人生的一次机遇。

帕尔曼十三岁那年，有一天，美国国家电视台邀请他到“爱德·沙利文综艺节目”做客，这对于帕尔曼来说简直是天赐良机。为了使帕尔曼的音乐天赋得到更好的发挥，他们一家人搬到了纽约，在那里，帕尔曼开始了自己的音乐之旅。帕尔曼开始在酒店演奏，当人们吃完晚餐之后，他们会说：“好了，让我们来听一听年轻的帕尔曼给我们演奏《野蜂飞舞》和布鲁赫的《尼根》。”帕尔曼一直坚信“逆境之中也有可能成功”，秉承着这种信念，终于有一天，帕尔曼迎来的不再是同情的目光，而是雷鸣般的掌声，他成了世界顶级的小提琴演奏家。

莎士比亚曾说：“逆境使人奋进，苦尽才能甘来。”在人生道路上，成功没有巅峰，追求没有止境，短暂的荣誉往往会束缚着人们前进的手脚，一时的辉煌往往会消减人们的斗志。而悲剧，让人痛心更催人奋进，既让人难堪更让人坚定，让人们在放弃时能鼓足勇气，想逃避时拾起自尊。悲剧是成功的前奏，是一笔宝贵的财富。在挫折中奋进，在低谷中抓住机遇，不断地尝试，最终一定会拥抱成功。

1896年4月6日，现代奥运史上的第一个世界冠军诞生了，他就是詹姆

斯·康纳利。

康纳利于1895年被哈佛大学录取，学习古典文学。在学校时，他已经是当时全美三级跳远冠军了。听说奥运会即将在雅典举行，他便向学校请8周假前去参赛，但学校拒绝了他的要求。康纳利执意要到奥运会上一试身手，于是他离开了哈佛，自己争取到参加奥运会的资格，成为由11人组成的美国代表团的成员之一。

与他一同前去的其他美国同伴都是波士顿体育协会麾下的运动员，参赛是免费的。而康纳利太穷了，他享受不到这种待遇。他这次参赛是在一家很小的体育协会的赞助下才成行的。由于资金紧张，他花掉了自己仅有的700美元的积蓄，才登上了德国“德福达号”货船。

就在启航的前两天，他伤了后背，几乎毁了他的全部计划。幸运的是，在从纽约到那不勒斯的17天航行中，他的伤痊愈了。但是刚下船，他的钱包又被人偷走了。这还不算，更为糟糕的事接踵而来：因为希腊历制和西方历制不同，比赛在他们到达的第二天就开始了，而不是他们原以为的12天之后；对他更为不利的是，他的三级跳远项目的起跳要求是单足跳、单足跳、起跳，而不是他从小练习的传统跳法单足跳、跨步、起跳。

4月6日下午，三级跳远比赛开始了。在其他运动员跳完之后，康纳利最后一个出场。他走到沙坑前，把帽子扔到了一个别的运动员跳不到的位置上，大声呼喊自己要跳到帽子那里去。他在跑道上加速，按照新的规则，先是两个单足跳，然后起跳，最后落在比他的帽子更远的地方，跳出了13.71米的好成绩，成为当之无愧的现代奥运史上的第一个冠军。

通往成功的道路从来就不是坦途，人生必须渡过逆流才能走向更高的层次，最重要的是我们能接受悲剧人生的考验。当然，并不是每个人都能在挫折中坚持自己的决定。在这个案例中，面临着参加奥运会就要离开学校，而且自费参赛的严峻考验，詹姆斯·康纳利坚持在这条不平坦的路上

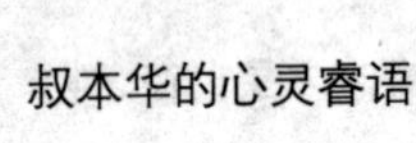

走下去，最终赢得了胜利。可以说，成功者大多起始于不好的环境并经历许多令人心碎的挣扎和奋斗，在生命的转折点，他们通常能缔造色彩斑斓的人生。

哲学启示：

席勒曾说：“任何一个苦难与问题的背后，都有一个更大的祝福。”其实，伴随着悲剧的除了祝福，还隐藏着无限的机遇。在我们的人生道路上，会遭遇很多逆境，如果缺乏自信，会使畏惧之心蔓延开来，不仅抓不住机遇，反而会被困难吞噬。生活是一道选择题，当你选择了坚持，机遇就有可能会降临；但是，当你选择了放弃，机遇将永远放弃了你。没有经过悲剧中挫折的磨炼，就不会有未来的璀璨与辉煌。

人生应该去做自己想做的事情

> **人虽然能够做他想做的，但不能想要所想要的。**
>
> **——叔本华**

人生自然应该去做自己想做的事情，因为意志，这一切都会成为可能。许多年轻人竟然不知道自己的梦想是什么。而没有梦想的人，就没有目标，没有奋起直追的持久动力。这时你可以了解自己，倾听自己内心的声音，了解自己真正感兴趣的是什么，然后以自己才能与爱好作为树立梦想的参考。年轻人应对自己的特点有所了解，首先确立目标，有的人以身边或媒体宣传的人作为自己的梦想；一些人的梦想与兴趣、爱好、特长相关，比如，喜欢唱歌的女孩希望成为歌手，喜欢跳舞的女孩希望成为舞蹈

家；当然，年轻人思想不够成熟，有时候追求的梦想不稳定，今天喜欢唱歌，明天喜欢跳舞，所以我们适时应该学会听从自己内心的声音，并以强劲的意志坚持到底。

1998年，只有10岁的李欣汝面临着人生的第一次重大选择。当时，父亲希望她成为一名伶牙俐齿的主持人或者是教书育人的老师，不过，她自己却喜欢跳舞，希望自己有一天可以像一只白天鹅一样在舞台上翩翩起舞。到底是遵从自己内心的梦想，还是顺从父亲呢？最后，10岁的李欣汝坐上火车，从兰州去北京，进入解放军艺术学院舞蹈系中专部学习，她将舞蹈作为自己前行的梦想。

2007年，“红楼梦中人”节目组到北京舞蹈学院选人，李欣汝报了名，她本来只想试试看，结果没想到一路过关斩将，自己竟然晋升黛玉组全国五强。这时她面临着人生第三次选择，自己是继续选修还是全封闭培训呢？她思考了很久，然后说服自己放弃眼前暂时的功利，她退出了选秀，将全部精力都放在了学业上面。

李欣汝退出选秀之后，她顺利地拿到了大学毕业证书。很快，她面临着新的选择。《丑女无敌》抛来了橄榄枝。不过，令她犯难的是，这次她需要在剧中扮演一个完全没有形象的女孩子。自己是否愿意扮丑呢？经过层层筛选之后，李欣汝最终获得了那个对自己而言非常重要的角色——电视剧《丑女无敌》中雷人的林无敌。她刻意增肥、扮丑，甚至她感觉林无敌就是正在奋斗的自己，所以她完全融入了角色，结果这部戏相当成功。

在人生关键时刻，李欣汝选择了听从内心的声音。当《丑女无敌》第一季播出之后，创下收视观众2.4亿人次的惊人纪录。而李欣汝所扮演的林无敌这个形象也受到了观众的欣赏与认可，同时，她本人也获得了成功，她成为湖南卫视年度最佳新艺人，成为2008年最深入人心的电视剧形象之一。而且，她的名字还出现在2009年度福布斯名人榜的排名之中，她终于成功了。

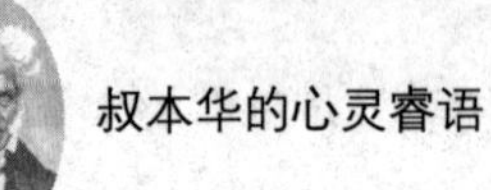

菲尔·约翰逊的父亲拥有一家洗衣店，由于父亲想子承父业，于是在店里给约翰逊安排了一份工作，父亲希望约翰逊可以接手自己的生意。但是，菲尔·约翰逊一点也不喜欢洗衣店的工作，他每天都在店里偷懒，四处游荡，只要做完自己的工作，他就撒手不管。有时候，他干脆会玩失踪，根本不来店里上班。约翰逊的父亲觉得儿子真是没出息，在那么多员工面前，儿子真是将自己的脸丢光了。

有一天，菲尔·约翰逊主动对父亲说："我想去一家机械工厂做个技工。"出去当工人？难道儿子想走自己的老路吗？"父亲非常震惊，他坚决不同意。不过，习惯我行我素的约翰逊才不管父亲反对的意见，他依旧穿着沾满油渍的工作服去工作。在机械厂，约翰逊比在洗衣店更努力地工作。尽管机械厂每天的工作时间很长，不过菲尔·约翰逊吹着欢快的口哨就可以度过快乐的一天。渐渐地，约翰逊发现自己喜欢上了工程学，他开始认真研究各种发动机，在他的生活中只有与各种机械一起相伴。

1944年，菲尔·约翰逊去世。不过，此时的约翰逊已经是波音飞机公司总裁，正是他研究制造出来的"飞行堡垒"使得美国赢得了战争。

约翰逊喜欢机械，他并没有因为父亲的期望而改变自己最初的想法。假如他看不起自己的生意，那就有可能让自己的生意溃败。假如约翰逊当时留在了父亲的洗衣店，后来，他和父亲的洗衣店会怎样呢？我想在他父亲去世之后，这门生意应该早就毁掉了，那家洗衣店也早就关门了。

如果身边的朋友、家人建议你去银行当职员，但事实上你只是喜欢待在蛋糕店里做蛋糕，那么你的选择是什么呢？曾经有人抱怨："我很想成为一名歌星，但是我父亲却希望我能成为一名医生，我该怎么办呢？"我想这句话，非常适合他：别人的期望，不能成为你被迫选择的理由。

一旦你确定了自己的内心，那就需要切断自己的后路，因为现在你只剩下自己和梦想了，自己已经不能回头。现在你已经无路可走，你已经站在梦想的面前，你现在需要做的就是想尽办法完成自己的梦想。

哲学启示：

假如你总是在猜测这是我内心的声音吗，你将永远一事无成，因为这个质疑会阻碍你去完成梦想，最后你将失去尝试的勇气而不愿意再跨出下一步。假如你开始质疑自己的梦想是否可以实现，那你将失去追求梦想所需要的动力。

苦尽甘来，意志力是成功的砝码

宗教如萤火虫，为了发亮，非要有黑暗不可。

——叔本华

所谓的苦难、错误并不是白白经历的，忍耐这些痛苦之后，它会让我们的人生绽放出最美丽的成功之花，因为意志力是成功的砝码。具有强劲意志力的人，他们从来不惧怕挫折和困难，他们甚至将挫折当作是自己人格的“试金石”，当自己输得只剩下生命时，潜在心灵的力量还有多少呢？如果没有较强的意志力，就没有勇气，没有拼搏精神。只有保持强劲的意志力，一往无前，坚持不懈，才能在失败中崛起，奏出人生的华章。人们在面对压力和困难时会激发出巨大的潜能，但在迎难而上的同时，他们注定要经历磨难之苦，这时若没有较强的意志力，他们就无法获得成功，因此，我们说，意志力是成功的砝码。

曾国藩说：“困心恒虑，正是磨炼英雄，至汝于战，李申夫尝喟余叹气从不说出，一味忍耐，徐图自强。因引谚曰：‘好汉打脱牙和血吞。’此二语，是余生平咬牙立志之诀。余庚戌辛亥间，为京师权贵所唾骂，葵

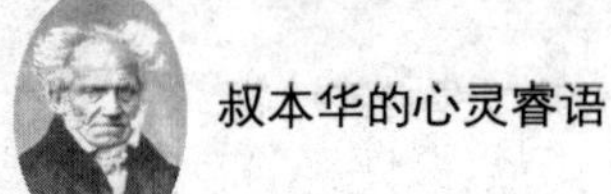

丑甲寅，为长沙所唾骂；乙卯丙辰，为江西所唾骂；以及滨州之败、靖港之败、湖口之败，盖打脱牙之。时多矣，无一次不和血吞之。”一个人如果不通过不断的磨砺来提升自己、完善自己，就会让私欲、情欲膨胀，自己的意志也变得软弱。一个人若要想成就一番事业，那就必须不断地磨砺自己，除此之外，别无他法。凡成大事者，必须忍受得住困难的打磨，经得起失败的打击，成功需要风风雨雨的洗礼，一个有追求、有抱负的人，总是视挫折为动力，有一句话说得好：“能受天磨真铁汉，不遭人嫉是庸才。”所以说，磨炼对于天才是一块成功的跳板，对于强者是一笔宝贵的财富，而对于弱者，就是使之坚强的臂力器。

1832年，毕业于哈佛大学的林肯失业了，这显然使他很伤心，但他下定决心要当政治家，当州议员。糟糕的是，他竞选失败了。在一年里遭受两次打击，这对他来说无疑是痛苦的。紧接着，林肯着手开办企业，可一年不到，这家企业又倒闭了。在以后的17年间，他不得不为 偿还企业倒闭时所欠的债务而到处奔波，历经磨难。

随后，林肯再一次决定参加竞选州议员，这次他成功了。他内心萌发了一丝希望，认为自己的生活有了转机：“可能我可以成功了！”

1835年，他订婚了。但离结婚还差几个月的时候，未婚妻不幸去世。这对他精神上的打击实在太大了，他心力交瘁，数月卧床不起。1836年，他得了精神衰弱症。

1838年，林肯觉得身体良好，于是决定竞选州议会议长，可他失败了。1843年，他又参加竞选美国国会议员，但这次仍然没有成功。林肯虽然一次次地尝试，但却是一次次地遭受失败：企业倒闭、未婚妻去世，竞选败北。要是你碰到这一切，你会不会放弃？放弃这些对你来说是重要的事情？

林肯没有放弃，他也没有说：“要是失败会怎样？”1846年，他又一次参加竞选国会议员，最后终于当选了。两年任期很快过去了，他决定要

争取连任。他认为自己作为国会议员的表现是出色的，相信选民会继续选举他。但结果很遗憾，他落选了。因为这次竞选他赔了一大笔钱，林肯申请当本州的土地官员。但州政府把他的申请退了回来，在上面指出："做本州的土地官员要求有卓越的才能和超常的智力，你的申请未能满足这些要求。"

接连又是两次失败。在这种情况下你会坚持继续努力吗？你会不会说"我失败了"？然而，林肯没有服输。1854年，他竞选参议员，但失败了；两年后他竞选美国副总统提名，结果被对手击败；又过了两年，他再一次竞选参议员，还是失败了。

林肯一直没有放弃自己的追求，他一直在做自己生活的主宰。1860年，他当选为美国总统。

亚伯拉罕·林肯在竞选参议员失败后曾说过这样一句话："此路艰辛而泥泞。我一只脚滑了一下，另一只脚也因而站不稳；但我缓口气，告诉自己'这不过是滑一跤，并不是死去而爬不起来'。"确实，一次失败并不会让你一无所有，相反，因为内在的意志力，会让你得到宝贵的经验去开始下一次尝试。

曾有人说："成功的人生是痛苦与失败的交织，是磨难与顺利的交替。"命运赐给我们机遇和幸福，同时也给我们缺憾和困难，如果我们缺乏应有的忍耐力，在痛苦与困难面前低了头，那我们也将失去机遇和幸福。因此，面对生活中的挫折和困难，不要畏缩自卑，不要怨天尤人，而是用坚强的意志和刚毅的态度对待磨难，用豁达的心态来对待生活，这样我们就会多一点希望，多收获一些幸福。

哲学启示：

叔本华认为，成功的人生往往是从卓越的目标开始的，但卓越的目标背后肯定是一条充满荆棘和坎坷的路。如果想要通过这样一条路，就必须

要经受得住荆棘的刺痛和坎坷的摔打，而经受住这一切，就需要具有较强的意志力，这样追求成功的意志才会坚强起来。意志力是人生不可多得的财富，拥有了这笔财富，就没有什么困难不能克服，没有什么曲折可以把人击倒。

第12章　深思熟虑的真理

真理问题是知识论的最终归宿问题，古今中外先圣哲人无不是为寻求真理之路而孜孜以求。可以说，追求真理，是人的思想的天职。人们需要整理，就好像瞎子需要明快的引路人一样。

追寻真理是最高的快慰

所有的真理都要经过三个阶段：首先，受到嘲笑；然后，遭到激烈的反对；最后，被理所当然地接受。

——叔本华

桑塔耶纳曾说："在一切事件中，获得真理是最高的快慰。"真理永远都是和谬误、虚伪、迷乱对立的。2013年5月15日，在北京大学的讲坛上，诺贝尔获奖得主科学家杨振宁和作家莫言展开了一次"科学与文学的对话"。莫言这样说："科学和文学虽然探索的方式不同，但从本质上讲都是探寻真理和秩序，洞察宇宙和人心的奥秘。从某种意义上说，文学与科学都在用不同的方式追寻真理。"实际上，每一种存在，都因为真理的存在才变得有价值有意义，科学是这样，文学也是这样，哲学更是这样。每一种人生，实际上也都是顺着这些学科铺设的道路，摸索前进，向着真理慢慢靠近。就正如杨振宁说："科学和文学都是真情妙语铸文章，科学研究要有真情，才能妙语。”而莫言则说：“文学创作的是妙语，就是灵感，文学发展最根本的动力是人类追求光明的本性，是人类认识自我、表现自我的愿望。”

1878年9月，爱迪生决定向电力照明这个堡垒发起进攻，他翻阅了大量的有关店里照明的书籍，决定制造出价格便宜，经久耐用，而且安全方便的电灯。刚开始他从白热灯着手试验，他把一小截耐热的东西装进玻璃泡里，当电流把它烧到白热化的程度时，便由热而发光，于是，他想到了炭，就把一小截炭丝装进了玻璃泡里，刚一通电马上就断裂了。

爱迪生拿起断成两段的炭丝，看看玻璃泡，自问：“这是什么原因呢？”过了很久，他忽然想起：噢，也许是因为这里面有空气，空气中的氧又帮助炭丝燃烧，致使它马上断掉！于是，爱迪生用自己手制的抽气机，尽量把玻璃泡里的空气抽掉，一通电，果然没有马上熄掉，不过短短8分钟之后，灯还是灭了。

尽管这样，爱迪生发现：真空状态对白热灯非常重要，关键是炭丝，问题的症结就在这里。那应该选择什么样的耐热材料好呢？白金？爱迪生和助手们用白金试了很多次，但这种熔点较高的白金，尽管使电灯发光时间延长了很多，不过不时要自动熄掉再自动发光，效果依然不理想。面对这样的结果，爱迪生并不气馁，继续着自己的工作，他先后试用了钡、钛等稀有金属，结果效果还是不理想。

以后的这段时间里，爱迪生对前边的实验工作作了一个总结，把自己所能想到的各种耐热材料全部写下来，差不多有1600多种。然后，他与助手们将1600多种耐热材料分门别类地开始试验，不过试来试去，还是白金最合适。他又改变了抽气方法，让玻璃泡内的真空程度更高，灯的寿命这时已经可以延长到2个小时。不过，这种白金材料制成的灯，价格太昂贵了，谁会愿意买呢？

偶然的一个冬天，爱迪生看着自己围巾上的棉纱，对，棉纱的纤维比木材的好用，能不能用这种材料呢？他赶紧从围巾上扯下一根棉纱，在

炉火上烤了很长时间，最后棉纱变成了焦焦的炭，他再小心地将这根炭丝装进玻璃泡里，一试验，效果果然很好。爱迪生十分高兴，接着制造许多棉纱做成的炭丝，连续进行了多次试验，灯泡的寿命一下子延长了13个小时，后来甚至达到了45个小时。

这个消息传开了，轰动了整个世界，人们意识到点燃煤气灯即将成为历史，未来将是电光的时代，大家纷纷向爱迪生祝贺，但爱迪生却丝毫不感到高兴，他摇头说道："不行，还得找其他材料。"助手吃惊地问道："怎么，亮了45个小时还不行？"爱迪生回答说："不行，我希望它能亮1000个小时，最好是16000个小时。"

那什么样的材料才是最合适的呢？爱迪生根据棉纱的性质，决定从植物纤维方面去寻找新的材料。通过多次选择，爱迪生选择了竹这种植物，把炭化了的竹丝装进玻璃泡，通电之后，这种竹丝灯泡竟然连续不断地亮了1200个小时。助手们表达了祝贺，可爱迪生认真地说："世界各地有许多竹子，其结构不尽相同，我们应该认真挑选一下。"助手们被爱迪生精益求精的科学态度所感动，纷纷自告奋勇地去各地考察，经过长时间的比较，他们最后选择了日本生产的一种竹子。通过开设电厂，架设电线，没过不久，美国人便用上了这种价廉物美，经久耐用的竹丝灯泡。

到了1906年，爱迪生改用了钨丝代替竹丝，使得灯泡的质量又得到了提高，一直沿用到今天。当人们点亮电灯的时候，都会想到这位伟大的发明家，是他给黑暗的世界带来了无穷无尽的光明。

真理就是这样诞生的，爱迪生寻找竹丝的过程其实就是追寻真理的过程，他那精益求精、孜孜不倦的精神和态度更是值得我们学习。假如不了解过去的真理，自己就得出了一个结论，就高兴地宣布自己发现了一个真理，那就贻笑大方了。这就好像科学发明一样，要想知道自己的发明是不是新的，那就需要了解过去在这个方面发明的情况，必要时进行查询。这种查询的必要性就是了解自己发现的真理是否真的是真理。

我们需要了解前人在这个问题上的研究，已经达到了什么水平，这个问题实际上也是第一个问题的延续。第一个问题是说要从明目上，大的范围内了解前人提出的真理，这个问题是说对这个真理究竟达到了什么水平，心里要十分清楚。

老子曰：“智慧出，有大伪。”意思是，当一种被认为是真理的思想推出的时候，必须进行独立的思考，想一想这个真理是否符合自己的实际。真理都是相对的，我们可以迈向的，只能使更加接近绝对真理的相对真理，而不可能是最终的绝对真理。

哲学启示：

实际上，真理的诞生并不仅仅是指发现前人已经发现的真理，发现真理还包括了解真理和创新真理，前人提出过的真理，肯定是已经经过实践检验过的真理。

自信和真理只需一根支柱

唯有对自己卓越的才能和独特的价值有坚定、不可动摇之确信的人才被称为骄傲。

——叔本华

真理是什么？真理就是大胆质疑，证明自己。用叔本华的话说，唯有对自己卓越的才能和独特的价值有坚定、不可动摇之确信的人才被称为骄傲。当然，对问题的怀疑将意味着我们需要证明自己的想法是正确的，这时候我们怀疑的是问题本身，而不应该是自己。黑格尔认为，意识到问题的存在是思维的起点，没有问题的思维是肤浅，敢于质疑，常常是成功的

导火线。然而，对于大多数人来说，面对一些既成的事实，即使他们发现了一些问题，他们所能怀疑的是自己，而不是问题本身。对此，不要怀疑自己，而是需要大胆证明自己。黑格尔这样鼓励我们："要善于并敢于否定前人，而不是一味地盲目地迷信权威。"在某些问题上，如果自己真的发现了端倪，我们所需要的做的并不是怀疑自己，而是努力证明自己，当然，这需要绝对的自信与勇气。

伽利略是意大利伟大的科学家，当时，研究科学的人都信奉亚里士多德的见解，如果有人怀疑亚里士多德，人们就会对他进行责备："你是什么意思？难道要违背人类的真理吗？"亚里士多德曾说："两个铁球，一个10磅重，一个1磅重，它们同时从高处落下来，10磅重的一定先着地，速度是1磅重的10倍。"而伽利略对这句话却表示怀疑，他心想：如果这句话是正确的，那么将这两个铁球拴在一起，那么落得慢的就会拖住落得快的，那么落下的速度就应该比较慢，如果把两个铁球看成一个整体，那落下的速度应该比原来10磅重的铁球快。伽利略相信自己的判断，他开始做实验，希望通过实验来证明自己。果然，实验的结果证明了亚里士多德的结论是错误的，而自己的判断是正确的。如果伽利略怀疑自己，不敢相信自己，那么科学的脚步也许会慢许多。

克里斯托莱伊恩是英国一位年轻的建筑设计师，幸运的他被邀请参加了温泽市政府大厅的设计，克里斯托莱伊恩没有运用工程力学，而是根据自己的经验，巧妙地设计了只用一根柱子就支撑了大厅天顶的预案。一年过去了，当市政府请权威人士来验收工程的时候，却对克里斯托莱伊恩设计的一根支柱提出了异议，他们认为用一根柱子支撑天花板太危险了，要求克里斯托莱伊恩再多增加几根柱子。克里斯托莱伊恩十分自信地说："只要用一根柱子便足以保证大厅的稳固。"他完全相信自己的计算和经验，拒绝了工程验收专家的建议。不过，克里斯托莱伊恩的固执惹恼了市政府官员，他差点因此而被送上法庭。在这样的情况下，克里斯托莱伊恩只好在大厅周围增加了4根柱子，不过，这4根柱子全部没有挨着天花板，

之间其实相隔了2毫米。

300年过去了，温泽市的市政官员换了一批又一批，但是，市政府大厅依然坚固如初，一直到20世纪后期，当市政府准备修缮大厅的时候，才发现了这个秘密。当时，消息一传出，轰动了全世界，各国著名的建筑师都慕名而来，欣赏这几根神奇的柱子，他们看到了在大厅中央圆柱顶端写着的一行字："自信和真理只需要一根支柱。"而克里斯托莱伊恩这位伟大的设计师，他只留下了这样一句话："我很自信，至少100年后，当你们面对这根柱子的时候，只能哑口无言，甚至瞠目结舌，我要说明的是，你们看到的不是什么奇迹，而是我对自信的一点坚持。"

即使自己的设计遭到了质疑，克里斯托莱伊恩依然坚信自己的判断是正确的，他从来不怀疑自己设计的正确性，而且，努力、大胆地证明了自己。时间是不会偏颇一个人的，正是时间证明了克里斯托莱伊恩的自信与真理。有的人其实已经触碰了真理，但是，他却因此而怀疑自己，最终错过了成功的机会。

1900年，著名教授普朗克和儿子在花园里散步，他看起来神情沮丧，遗憾地对儿子说："孩子，十分遗憾，今天有个发现，它和牛顿的发现同样重要。"原来，他提出了量子力学假设以及普朗克公式，但是，由于他一直很崇拜并虔诚地奉为权威的牛顿理论，而自己的发现将打破这一完美理论，他有些怀疑自己的判断，最终他宣布取消自己的假设。不久之后，25岁的爱因斯坦大胆假设，他赞赏普朗克假设并向纵深处引申，提出了光量子理论，奠定了量子力学的基础。随后，爱因斯坦又突破了牛顿绝对时空理论，创立了震惊世界的相对论，并一举成名。

对自己的怀疑，常常会让我们失去成功的机会，或是让我们放慢前进的脚步。普朗克对自己的怀疑，使整个物理理论停滞了几十年。所以，任何时候，都切莫怀疑自己，而是努力、勇敢地证明自己，这样我们才有可能站在成功的顶峰。因为真理就是大胆质疑，勇敢证明自己。

一个人如果总是不断地怀疑自己，这是缺乏自信的人所表现出来的特

点。缺乏自信的人，他们不敢，甚至畏惧相信自己的想法和判断；缺乏自信的人，他们想办法证明的是自己是错误的，而不会证明自己是正确的，因为他们内心畏惧出错。

哲学启示：

怀疑自己，只会成为我们成功之路的障碍，只会使我们放慢前进的步伐，所以，对自己多一份自信，相信自己，千万不要怀疑自己，同时，我们应该鼓起勇气去证明自己。

独立思考，才具有真理和生命

从根本上说，只有我们独立自主的思索，才真正具有真理和生命。因为，唯有它们才是我们反复领悟的东西。他人的思想就像加别人飨桌上的残羹，就像陌生客人挪下的衣衫。

——叔本华

思想枯竭，则巧言生焉。叔本华说："从根本上说，只有我们独立自主的思索，才真正具有真理和生命。因为，唯有它们才是我们反复领悟的东西。他人的思想就像加别人飨桌上的残羹，就像陌生客人挪下的衣衫。"这样看来，叔本华一直自信于自己的所思所想，并随时准备捍卫自己的思想。他从来不喜欢跟随大众，而是喜欢与众不同。叔本华这种独立思考的性格十分适合研究哲学，与众不同的思考和行动才能取得与众不同的业绩。格雷厄姆曾说："在华尔街成功必须具备两个条件：第一，正确思考；第二，独立思考。"而其足下高徒巴菲特避开股市大众恐惧和贪婪传染病的关键点在于他从小到大都喜欢独立思考。只有独立思考，做事才能成功，在他看来，应该习惯用脖子以上部分做事。

巴菲特在大学时十分害羞，见了女生，他比女生还害羞。同时，他也不愿意参加酒会，因为他本来就讨厌喝酒，只能看着男生狂饮，自己不喝酒却要帮他们支付酒钱，而且还得应付那些喝醉酒的人问三问四。

有一天晚上，巴菲特参加酒会回来，他对室友彼得森说："酒会很没意思，还不如待在宿舍里唱歌呢。"彼得森说："兄弟，你知道宾夕法尼亚大学最热门的体育赛事是什么吗？"巴菲特摇摇头，彼得森说："告诉你，是赛艇。在咱学校旁边的斯库基尔河上，每年一度的赛艇大赛是学校最轰动的比赛，取得冠军的队员，会有无数女生来追。虽然你人很瘦，体重轻，但你练过举重，上肢力量特别大，最适合赛艇了。"巴菲特一听，立即报名参加了一年级新生的金星赛艇俱乐部。

赛艇有非常强的重复性和节奏性，不过一个最大的不同是，赛艇是一个团队性运动。乒乓球、高尔夫、举重则是与竞争对手比赛，不需要其他人的配合的项目，而赛艇是十分讲究团队配合整齐一致的项目。巴菲特从小就是一个独行侠，喜欢独来独往。他不愿意和别人配合，而更愿意别人配合他，他要充当一个领导者，宁为鸡首，不为凤尾。于是，巴菲特每天下午下课后都要花上两个小时，两条胳膊累得发肿，两只手上磨的都是血泡，两条腿胀得走不动路，浑身是汗，回到宿舍，连去吃晚饭的力气都没有了。过了两个星期，巴菲特实在坚持不下去了，宣布退出赛艇队。

对于任何投资者来说，学会独立思考都是最重要的。曾经有人问巴菲特："如果出现问题的时候，你去请教什么人？"巴菲特回答说："投资成败一定源于思想层面的深刻领悟。所以当真正出现问题的时候，只有对着镜子说话。这表示，真正的投资者是具有十分强的独立思考能力的人，必须通过自己的思考去最终解决问题。"

一直很不明白高智商的人为什么会轻易模仿别人，毕竟我们从不把好的主意告诉别人。同时，在决定什么东西是对，什么东西是错的时候，必

须依靠自己的独立思考去作判断。假如我们每个人都能依靠自己的独立思考去作判断，那么这个世界将会变得更美好。即便我们的思考相同，作出的判断也不一定一致。

其实，任何事情都有两面性，你可以主动寻找与自己观点不一致的经历。举个例子，在人生的十字路口，一份高薪职位摆在面前，究竟是去还是不去？一般情况下，你会想人往高处走，自然会选择更上一层楼。假如你尝试着说“不去”，把个人职业放在第一位，这样你一样可以说服自己。

假如你每天习惯了七点起床，九点上班，上相同的网站，吃相同的食物，与相同的人说话，公式化的工作与生活则会令人厌倦。在生活中，一些人习惯了这样简单而重复的日子，因为这样可以带来安全感。不过，假如你想要独立思考，则需要跳出你所习惯的生活圈子。

当人生遭遇困境，不妨跳出去，做个真正的旁观者。这时，我们才发现自己的第三只眼睛可以赋予自己这样一种自由；从另外一个角度看问题。这时，作为旁观者的冷静会带给自己一种思考自我的平和状态，静静地思考，可以帮助我们更好地去想如何解决问题。

哲学启示：

假如你想理发，就不要问理发师你需不需要理发。当有人想让你采纳他的意见时，告诫他们：“用我的头脑加上你们的钱，做得更好。”你必须学会独立思考。

敢于质疑，挑战权威

那些热切和匆忙搬出权威说法以定夺有争议问题的人，在请来别人的思想、见解作为救兵时，的确是扬扬得意，因为他们无法求助于自己的理解和观察——这些是他们所缺乏的。

——叔本华

1963年，肯尼迪总统说过这样一句话：“创造权力的人对国家的强大作出了必不可少的贡献；但质疑权力的人作出的贡献同样必不可少，特别是当这种质疑与私利无涉之时。因为，正是这些质疑权力的人们在帮助我们作出判断：究竟是我们使用权力，还是权力使用我们？”这段话鼓舞了数以万计的人，如果说严格的学术规范是独立思想得以存在的一个基本保障，那么怀疑精神便是独立思想得以形成的一个主要的内在动力。

一位六年级的小学生，通过对蜜蜂的独立观察，从而发现蜜蜂并非像科学家解释的那样是用翅膀发音的，而是在翅膀的根部有一个发音器官。于是他带着怀疑的态度，将其写成论文，因而在第18届全国青少年创新大赛上，获得了优秀科技项目创新银奖和高士其科普专项奖。他的善于发现、敢于怀疑证实了对蜜蜂发音器官的进一步了解，对科学也有了重要的影响。

每个人都有自己的独立思想，对事物有着自己的看法。一个年仅十一二岁的小学生能够怀疑科学，挑战权威，也许是太纯真和不经世事在推动着他发现真理。对于许多成年人，特别是处于某个权威手下的人，他们的怀疑精神和自信力，是否能如这个小学生般饱满和坚定呢？古人说：“疑似之迹，不可不察。”“于无疑处有疑，方是进矣。”对一些问题，我们要善于质疑，要敢于挑战权威。

小泽征尔的名字如雷贯耳，他是20世纪最杰出的音乐家之一。很早以前，小泽征尔在中国演出时，他无意中听到了瞎子阿炳的《二泉映月》，他哭了，紧接着当场跪下！他感慨地说："这样的音乐应该跪着听！"于是，许许多多的中国人深深地记住了这个日本人的名字。同时，让他被整个世界认识和记住的，还有他充满挑战性的自信心。

在小泽征尔成为世界著名的交响乐指挥家不久，在一次世界优秀指挥家大赛的决赛中，评委会随即抽取了一份乐谱给他，可想而知，这份乐谱的难度非一般人能够指挥的。他按照评委的要求指挥演奏，但刚开始不久，他就敏锐地发现了不和谐的声音。起初以为是乐队演奏出了错误，就停下来重新演奏，但发现还是不对。他大声地对台下的评委说："我觉得是乐谱有问题。"这时，在场的作曲家和评委会的权威人士坚持说乐谱绝对没有问题，是他错了。面对一大批音乐大师和权威人士，他思考再三，最后斩钉截铁地大声说："不！一定是乐谱错了！"话音刚落，评委席上的评委们立即站起来，报以热烈的掌声，祝贺他大赛夺冠。

原来，这是评委们精心设计的"圈套"，以此来检验指挥家在发现乐谱错误并遭到权威人士"否定"的情况下，能否坚持自己的正确主张。前两位参加决赛的指挥家虽然也发现了错误，但终因没有信心坚持自己的观点，随声附和权威们的意见而被淘汰。小泽征尔却因充满自信摘取了世界指挥家大赛的桂冠。

不敢挑战权威、只会随声附和的人，不仅仅会失去成功的机会和别人的赏识，更遗憾的是，他们会失去那种让自己的思想自由迸发，最后被别人认可的快乐。

怀疑精神的培养，不仅是个人思想和学识增进的必需，也是国家和民族能够不断反思过去、质疑现在、求新求变、充满活力的必需。在哈佛的课堂上，学生讨论时质疑教师的言论、挑战现存理论和方法的表现，是教师评分的重要依据。一个学生没有提出过疑问或不同见解，哈佛教授们对他一般只会有两种判断：要么对这门学科不感兴趣，要么没有学习能力。

无论哪一种情况，他都不可能获得很好的分数。

哲学启示：

哲人说，我爱我师，我更爱真理。敢于提出自己的质疑，发出自己的声音，在充满自由的思维状态下思考问题，不畏首畏尾，不为传统权威束缚，才能有所创新。理越辩越明，大胆地对问题提出不同的见解，激发自己的求知欲，你就会一步步成为与众不同的成功者。

坚持真理，与其为友

一个有真知灼见的人和那些受到愚弄、欺骗的大众在一起就类似这种情形：他的手表指示的时间是正确的，但全城钟塔指示的都是错误的时间，而只有他自己才知道正确的时间。但这又有什么用呢？所有人都听任错误钟塔的指示，甚至包括那些知道这个人的手表指示了唯一正确的时间的人。

——叔本华

在美国，流行这样一句名言：与柏拉图为友，与亚里士多德为友，更要与真理为友。仔细体味这三句话，言简意赅，精练入神。但如果没有一定知识背景的人，光看到“柏拉图”和“亚里士多德”的名字，就会感到很陌生，也更难理解和体会这句话的真切含义了。柏拉图和亚里士多德，都是古希腊的非常伟大的哲学家，亚里士多德是柏拉图的学生，他们两个还是师生关系。与这两位哲人为友，也就是与智慧为伴，与真理为友，它正是人们崇尚真理、追求学术自由的最朴素体现。

一天，在课堂上，哲学家苏格拉底拿出一个苹果，站在讲台前说：“请大家闻一闻空气中的味道！”

一位学生举手回答：“我闻到了，是苹果的香味！”苏格拉底走下讲台，举着苹果慢慢地从每一个学生的面前走过，并叮嘱道：“大家再仔细闻一闻，空气中有没有苹果的香味？”这时已有半数的学生举起手来。

苏格拉底回到讲台上，又重复了刚才的问题。这一次，除了一名学生没有举手外，其他人全都举起了手。

苏格拉底走到这名学生面前问：“难道你真的什么气味也没有闻到吗？”那个学生肯定地回答：“我真的什么也没有闻到！”这时，苏格拉底对大家宣布：“他是对的，因为这是一只假苹果。”

从这个案例中我们了解到，很多时候，真理就在眼前，我们已经接近了真理，但因为缺少自信，而离开了真理。坚持真理的勇气来源于对事实的坚定信念。通往真理的道路不会一帆风顺，要想不被假象所迷惑，关键就看我们能否对真理坚持到底。

柏拉图是一个唯心主义哲学家，他认为感觉是以个别事物为其对象，因而不可能是真实知识的源泉，一切真实的知识，只是不朽的灵魂对理念的回忆，辩证法的一个意义就是人们回忆理念的过程。辩证法“从理念出发，通过理念，达到理念”，逐步上升到最高理念，即善的理念，这就是宇宙最高的和最终的目的。

琴纳是英国一位乡村医生，他在行医期间了解到感染过牛痘的挤奶妇女对天花免疫，就接连多年进行观察和实验。1796年5月14日，他给一个8岁男孩接种牛痘成功，当时人们将信将疑，教会攻击他，造谣说那个种了牛痘的孩子脸上长出了牛毛，眼睛像公牛一样看人，连咳嗽的声音也好像牛叫一样。他还收到许多诽谤信和恐吓信，他说：“我好像乘着一只小船，快要到岸了，却受着暴风雨的袭击。”后来，牛痘接种法推广开来，英国政府承认了他的研究成果。他去世后，人们为他立碑塑像，表达对他的怀念。

能够始终如一坚持真理的人，比说出真理的人更为可贵。这需要判断力，勇气和执着的精神。有人说，“坚持真理”是一道判断题，所有答题的人，都斩钉截铁地打上一个深深的钩，都认为某个真理是正确的。后来，人们开始驻笔凝思，到底该打上什么符号，渐渐地，犹豫不决的人越来越多。因为他们不相信自己的判断，受到了更多的干扰和诱惑。最后，索性人们把它改成选择题，为了财富、为了面子、为了前途……“坚持真理”成了一道选择题。

亚里士多德与其老师相比，更注重实践和经验，更讲究逻辑、方法与工具。他是逻辑学说的创建者，也是西方理性分析的奠基者。他认为经验比理论重要之处在于经验的个体性。他说：由于记忆和理性产生归纳，多次重复对一种事件的记忆产生经验，个体积累是经验，推广至整体就是理论或技术。但是他意识到这种推广未必可靠。他认为，经验并不比理论低贱，对于个体，“有经验没理论”强于“有理论没经验”。

与最好的理念为友，与科学的方法为友，更要与真理为友。哲人说，真理尽管苦涩，然而鲜明。与真理为友，是人们的最明智之举。它使人与真理之间的距离大大地拉近，也因此，真理成为师生心灵沟通的桥梁！与真理为友，就要维护真理的存在，坚定它的正确。

哲学启示：

现实生活中确实有些人扭曲了自己的价值观，在真理面前，不敢坚持，但这终究是一小部分人。人要有所成就，就必须树立真理必胜的信念和坚持真理的勇气，不管在什么情况下都不要向错误作出让步，都要在实践中勇于修正自己的错误，勇敢地走在真理的路上。

真理就是不断创新

人生过程的景观一直在变化，向前跨进，就看到与初始不同的景观，再上前去，又是另一番新的气象。

——叔本华

叔本华说：“人生过程的景观一直在变化，向前跨进，就看到与初始不同的景观，再上前去，又是另一番新的气象。”事实上，真理就是推陈出新。无论我们做什么事情，如果你总是在别人用过的套路中打转转，那只会束缚自己的思维，这时你应该做的就是跳出框框，别被固有的思想禁锢。当经验在大脑里越积越多，甚至形成一种思维定式的时候，人们总习惯用自己的价值标准和思维模式来评判事物，其实，这就是所谓的“思想僵化”。通常情况下，越是在机遇面前，一个人的心理越是趋于保守，他就越容易陷入这样的困境，他很难去做任何事情。生活在这个变化莫测的世界，时代总是向前，逆水行舟，不进则退，如果你不愿意创新自己的思想，总有一天，你将会被这个社会所淘汰。

匈牙利在20世纪40年代发明了圆珠笔，由于它易于书写和便于携带，所以一经问世便风行全球。可好景不长，这种圆珠笔在使用一段时间后就会出现漏油的问题，弄脏了纸张和衣袋。

对此，圆珠笔发明者及很多研究圆珠笔的人对于漏油问题反复进行了深入的研究，他们都发现问题出在笔珠书写时受到磨损，墨油就从磨损部位漏出来。他们将注意力一直停留在笔珠的研究上，拼命提高笔珠的耐磨性。当他们把笔珠的耐磨性改善后，笔珠与笔杆接触的耐磨问题又冒出来了。

而日本人中田藤三郎却发现了问题中的奥秘，在他看来，圆珠笔是个

很有发展前途的商品，假如能改进它的漏油问题，将会获得比那圆珠笔的发明者更多的财富。他仔细分析了圆珠笔的结构及出问题的原因，也总结了许多人对改进漏油问题的失败经验，最后，他采取逆向思维，获得了防止圆珠笔漏油的方法。

他的方法很简单：通过反复试验，统计当圆珠笔写到多少字后就漏油，在掌握这个数量的基础上，他着手把笔芯的装油量减少，减少到圆珠笔磨损在开始漏油之后，笔芯中的笔油已经用完了，这样，再也无油可漏了。笔芯中的油用完了，再换支笔芯，圆珠笔可继续使用。

在解决圆珠笔漏油的问题上，中田藤三郎并没有被固有思想的框框套住，而是采取逆向思维，巧妙地解决了难题。人和动物最根本的区别在于有思想、有思维活动，但是，思想也是需要推陈出新、不断更新的。否则，总是被固有的陈旧思想束缚，只会一事无成。

在美国纽约街头，有一位卖气球的小贩，每当自己生意不太好的时候，他就会使用这样的方法：向天空放飞几只气球。这样一来，就会吸引一些围观的小朋友来玩耍，自己的生意又会好起来，那些被气球吸引过来的小朋友都争着买他的色彩漂亮的气球。

有一天，当他向空中放飞了几只气球的时候，他发现了在一大群围观的孩子中间，有一个黑人小孩，他用一种疑惑的眼神看着天空。小贩很奇怪，他在看什么呢？顺着黑人孩子的眼光看去，发现空中正飘着一只黑色的气球。这只黑色气球是否代表着自己呢？

小贩走上前去，用手轻轻地抚摸黑人孩子的头，微笑着说："孩子，黑色气球能不能飞上天，在于它心中有没有想飞的那一口气，如果这口气够足，那它一定能飞上天空。"

在当时的美国，种族歧视十分严重，黑人在美国社会根本没有什么地位。难道黑人就真的没有办法像黑气球一样飞上天空吗？或许，在几百年前，美国白色人种不会相信有一天黑人也会坐上总统的位置，那是固有的思想。但是，在今天，相信所有的美国人都知道，黑色人种一样可以很好

地统治美利坚合众国。当然，几百年来，无数的黑人并没有被固有的思想所束缚，他们一直在努力，终于，跳出了框框，而美国第一任黑人总统奥巴马就是很好的例证。

成功者说：“财富是想出来的。”其实，一个人要想成功，不仅仅要养成思考的好习惯，还需要不断地创新自己的思想。追寻真理是这样，真理本身也是这样。解放思想，扩展思维，这样，你才能更大限度地获取有益的信息，从而促成自己获得辉煌的成就。对于那些敢于冲破固有思想的人来说，他们永远不会跟随众人的思维模式，而是找到一个独辟蹊径的解决办法，那是他们身上的一种特质。

哲学启示：

新思想是击破思维定式的有效武器，无论是在思考开始，还是在其他某个环节上，当我们的思考活动遭遇了障碍，陷入了某种困境，难以再继续下去的时候，你需要思考一下：自己的头脑中是否有了固有思想在起束缚作用，自己是否被某种思维定式捆住了手脚？

参考文献

[1] 叔本华.作为意志和表象的世界（汉译名著本）[M].北京：商务印书馆，1982.

[2] 叔本华.叔本华思想随笔[M].上海：上海人民出版社，2008.

[3] 叔本华.要么孤独，要么庸俗——叔本华散文选[M].南京：江苏文艺出版社，2013.

[4] 叔本华.人生的智慧[M].上海：上海人民出版社，2014.